コアライトヒーリング

究極の光の手 上

Core Light Healing

by Barbara Ann Brennan

バーバラ・アン・ブレナン

シカ・マッケンジー 訳

河出書房新社

図1-1
黒いベルベットの虚空

図1-2
コアスター

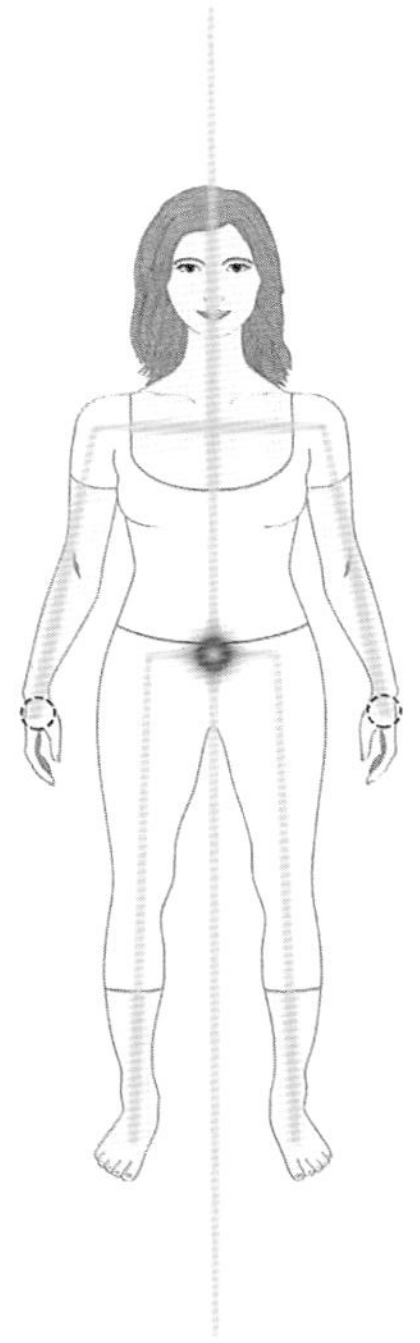

図1-3
ハラ・チューブ

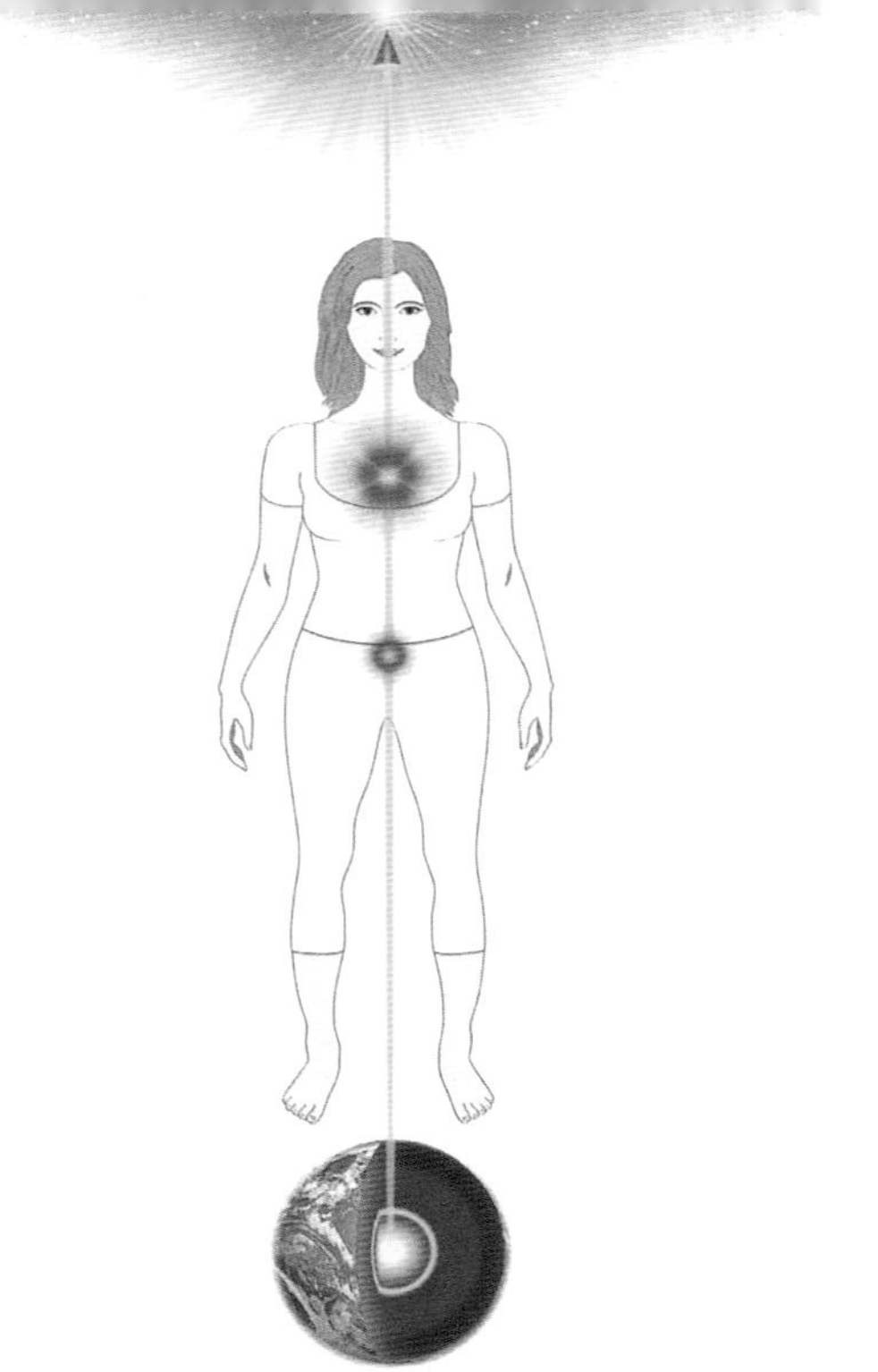

図1-4
ハラ

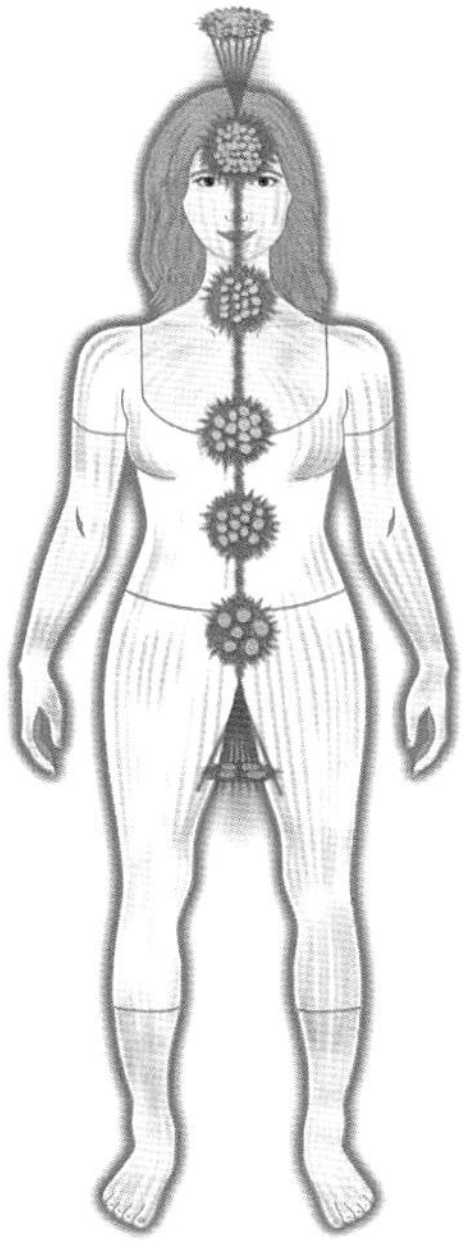

図1-5
エーテル体　第一レベル

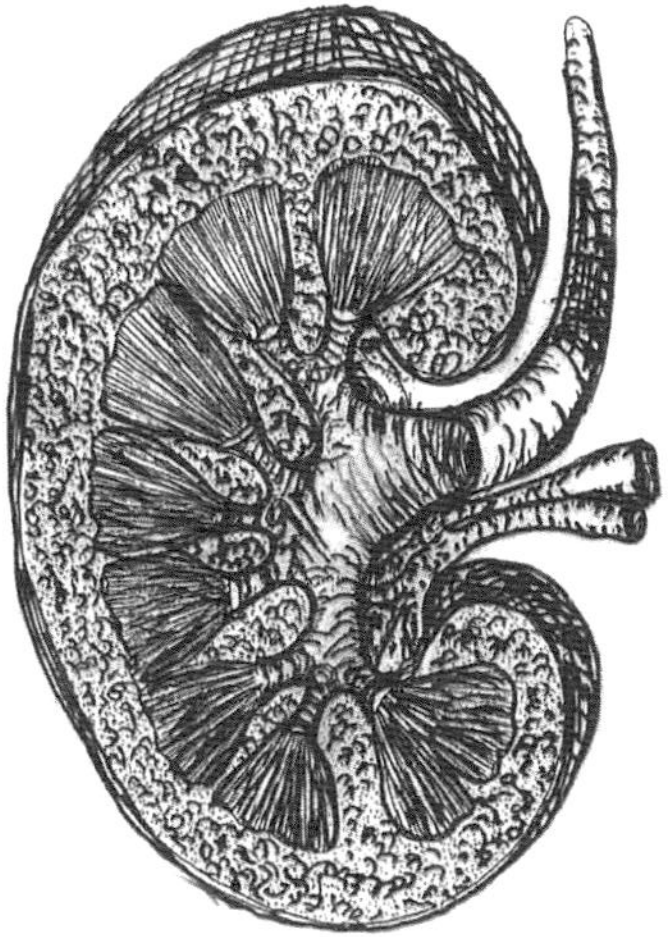

図1-6
第一レベルで見た腎臓

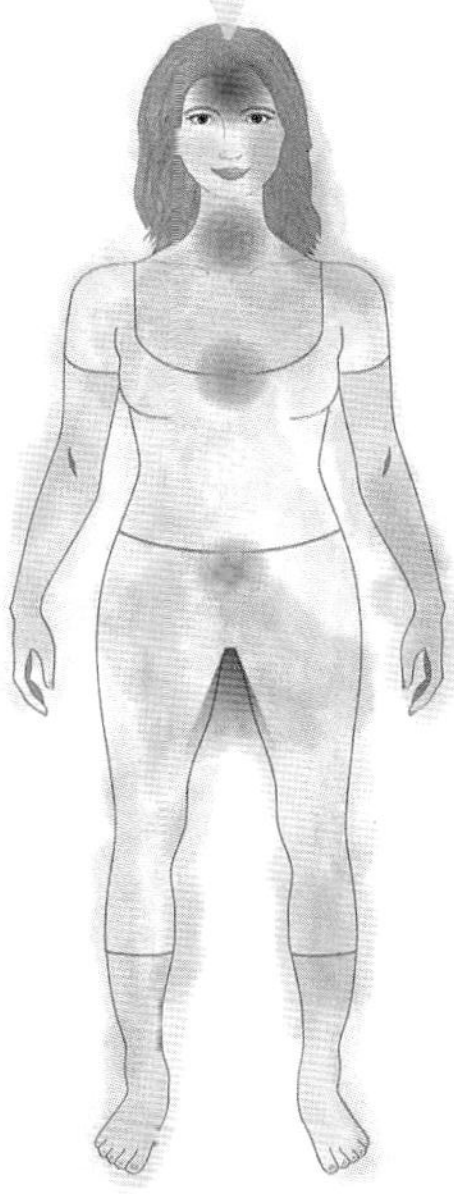

図1-7
エモーショナル体　第二レベル

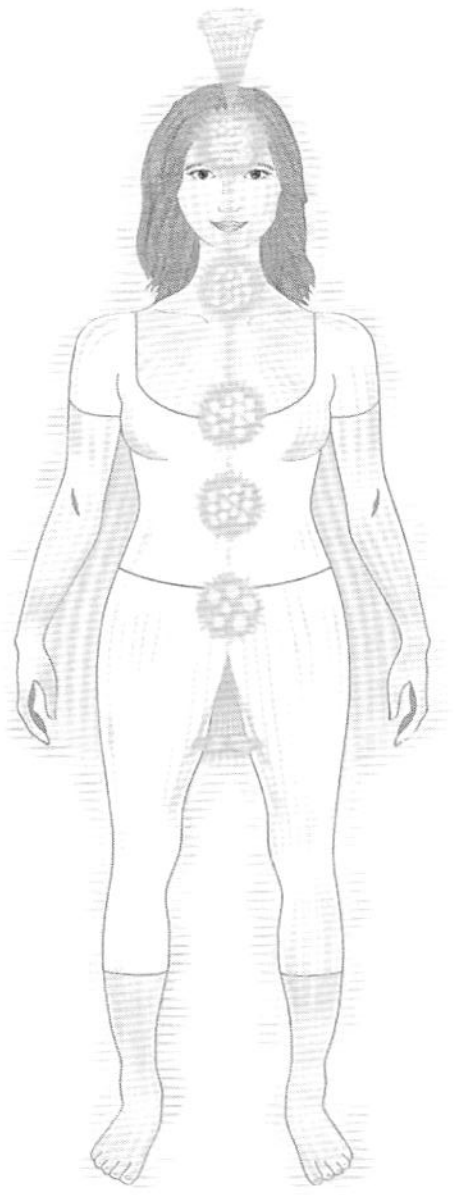

図1-8
メンタル体　第三レベル

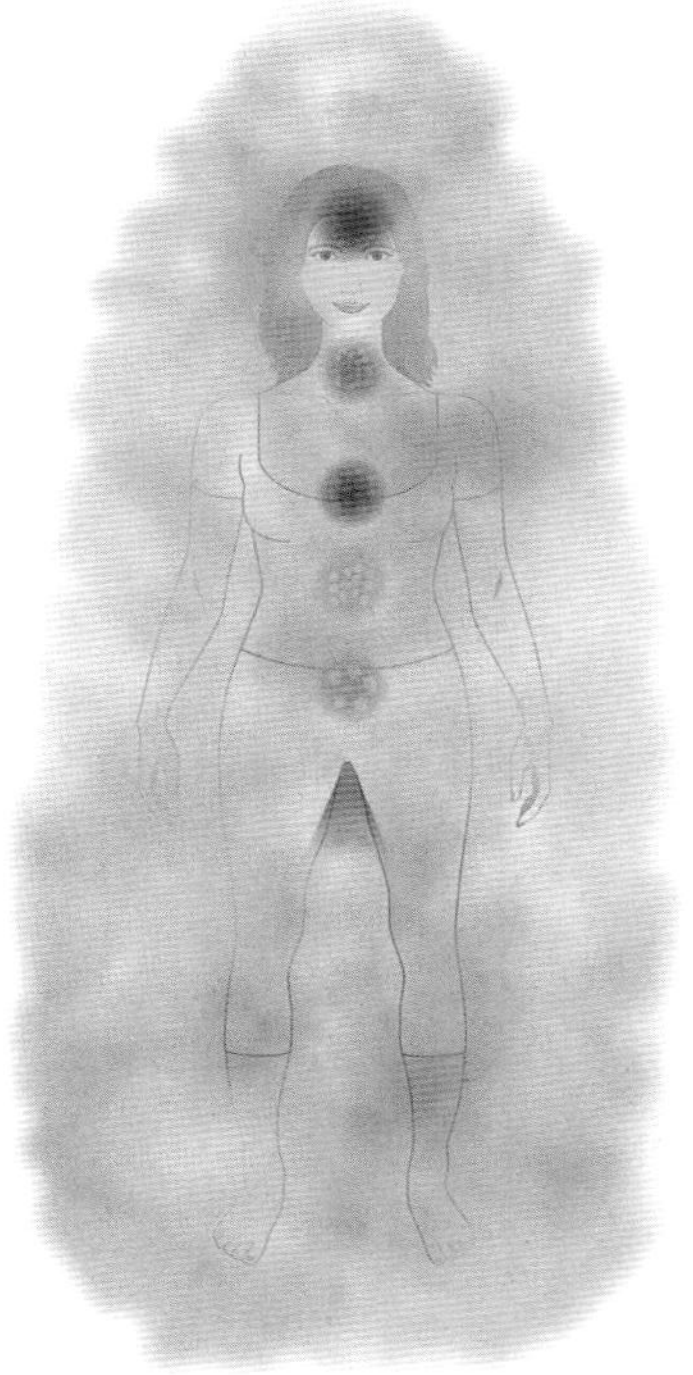

図1-9
アストラル体　第四レベル

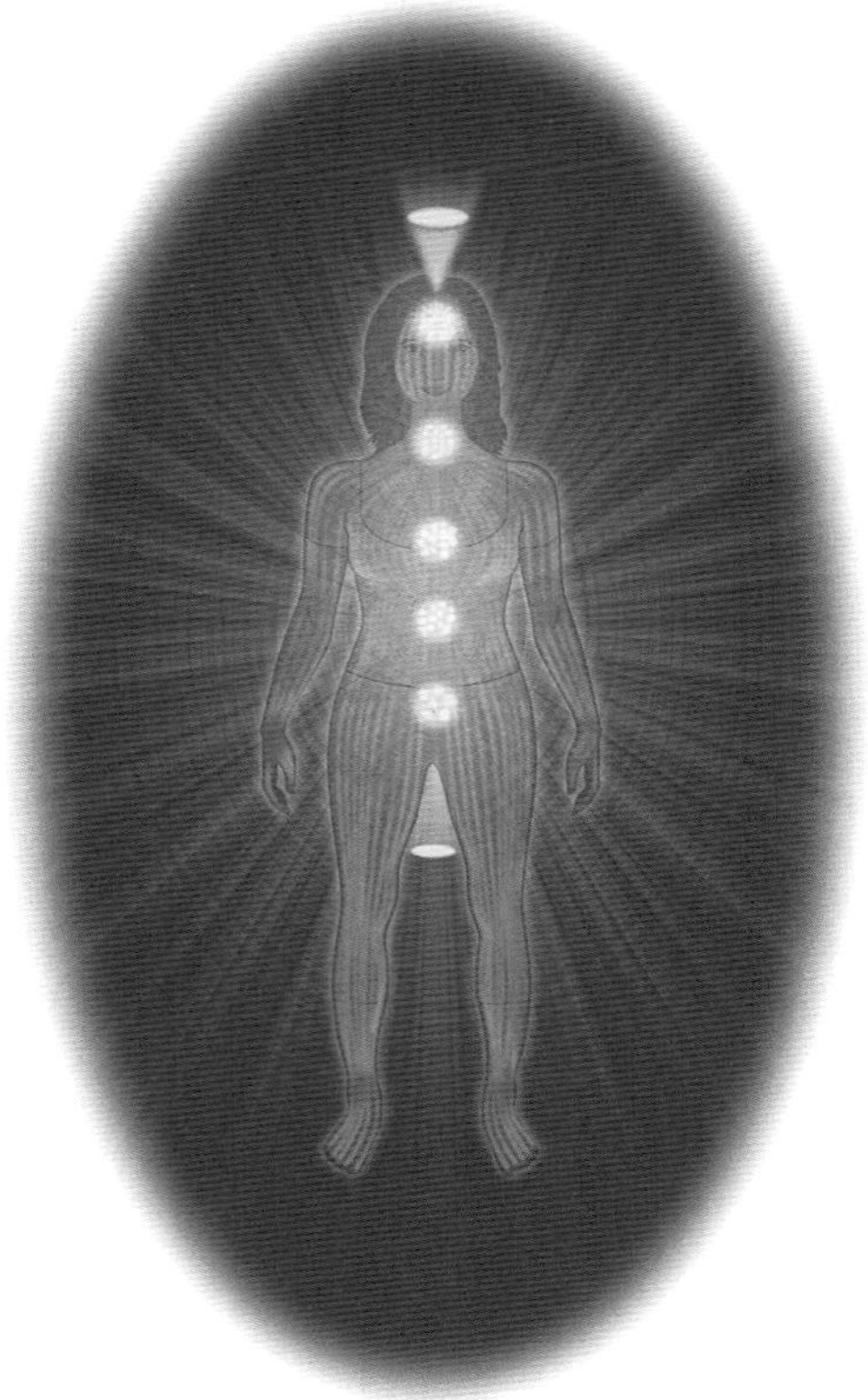

図1-10
エーテル・テンプレート　第五レベル

図1-11
セレスティアル体　第六レベル

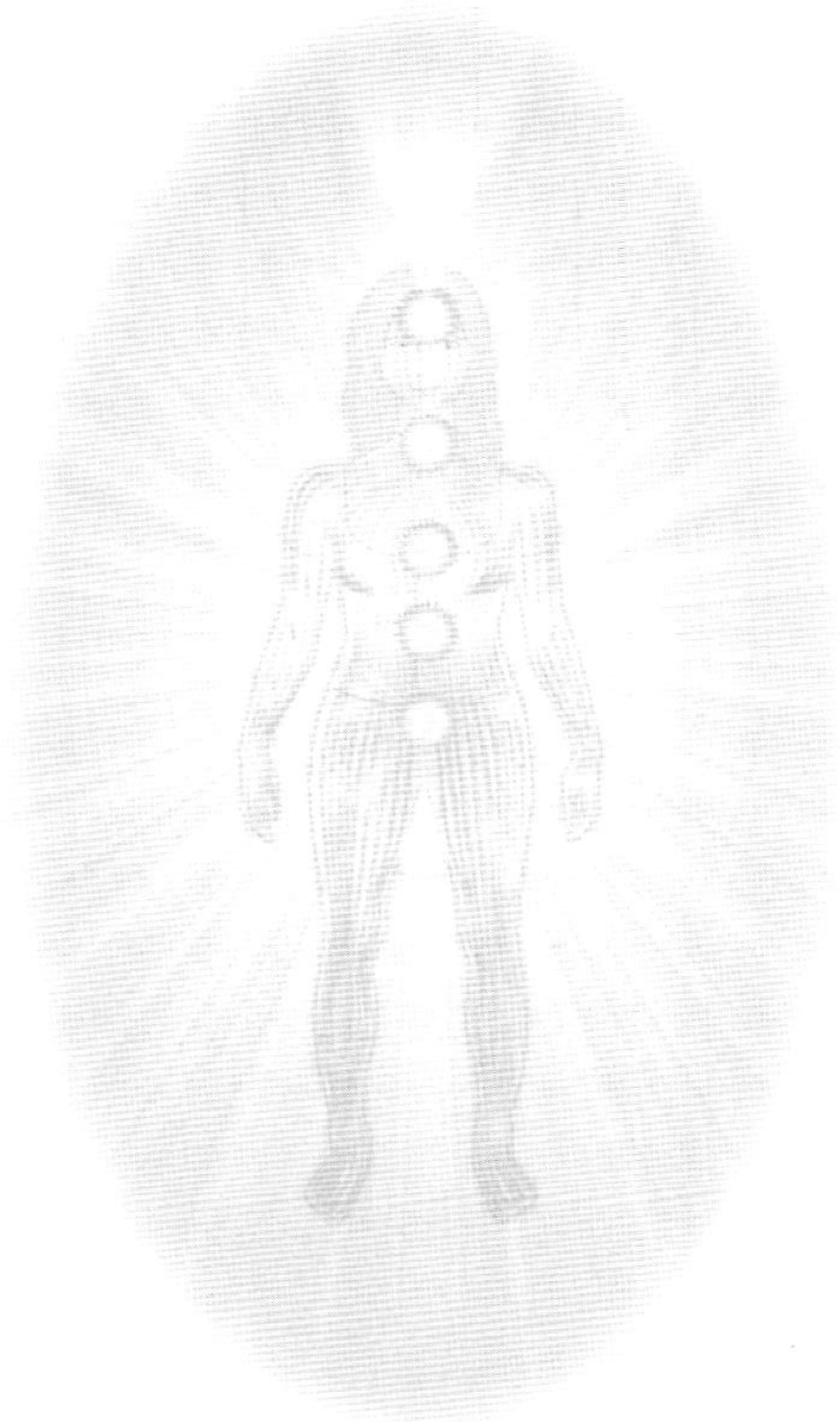

図1-12
ケセリック・テンプレート　第七レベル

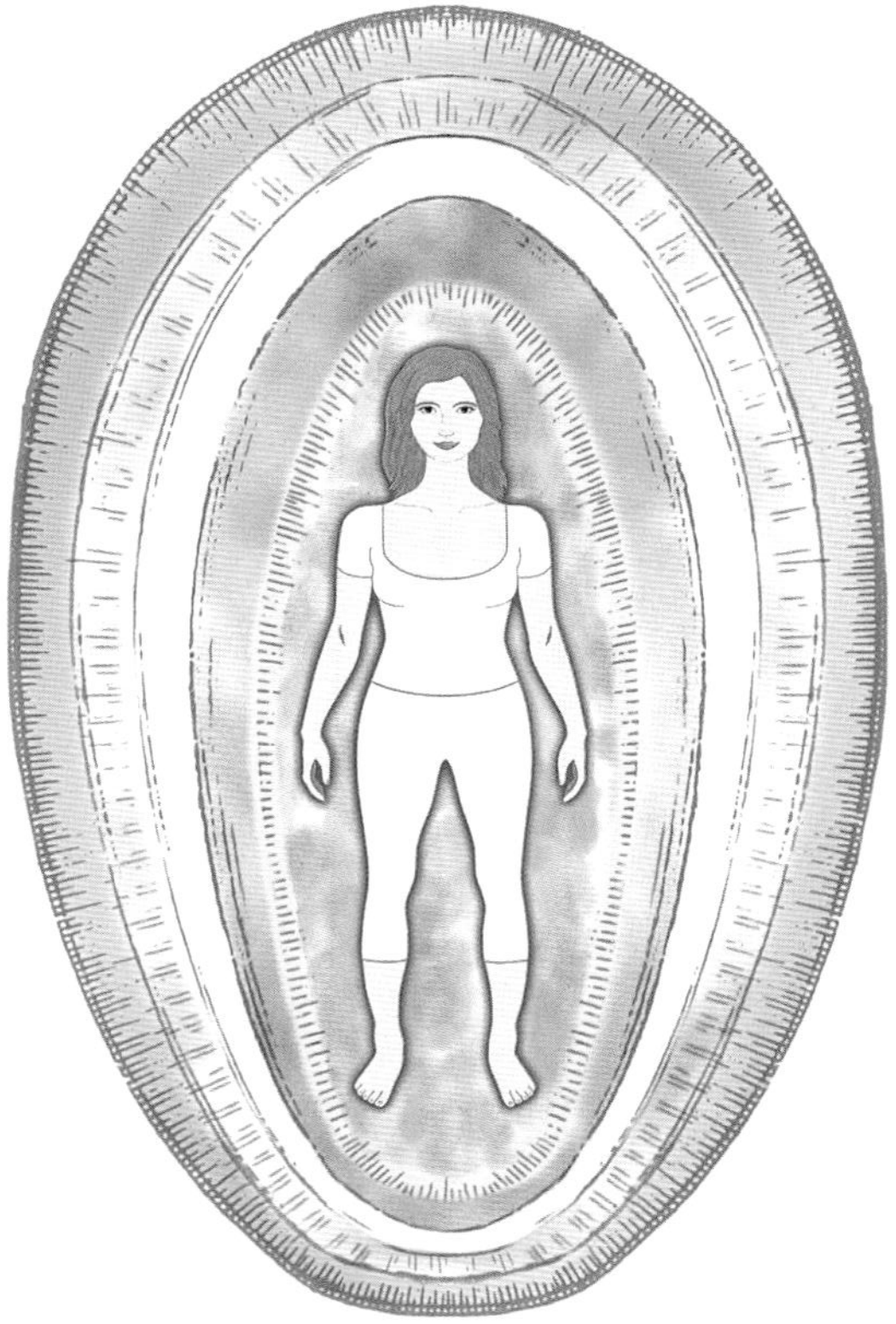

図1-13
オーラのフィールドの七つのレベル

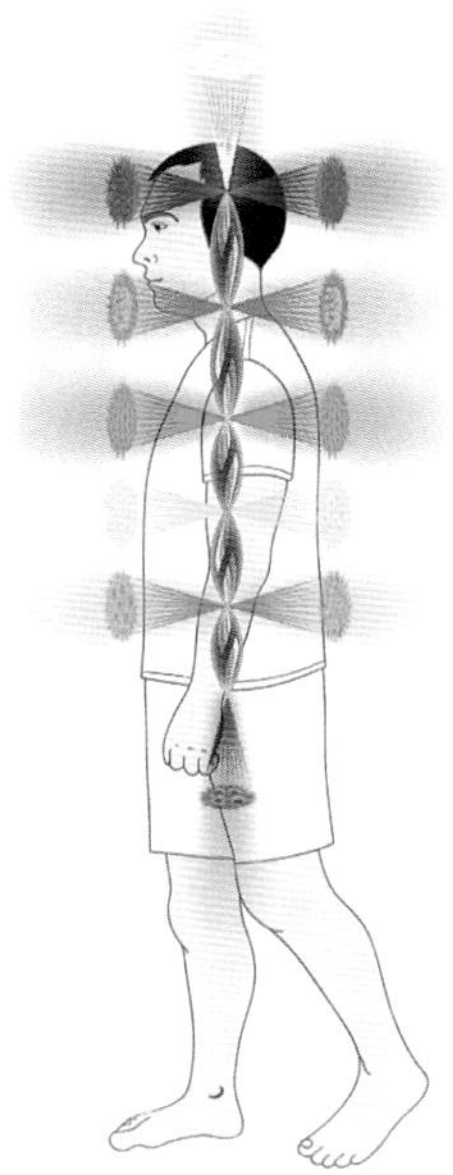

図1-14
七つの主要なチャクラとエネルギーの垂直流

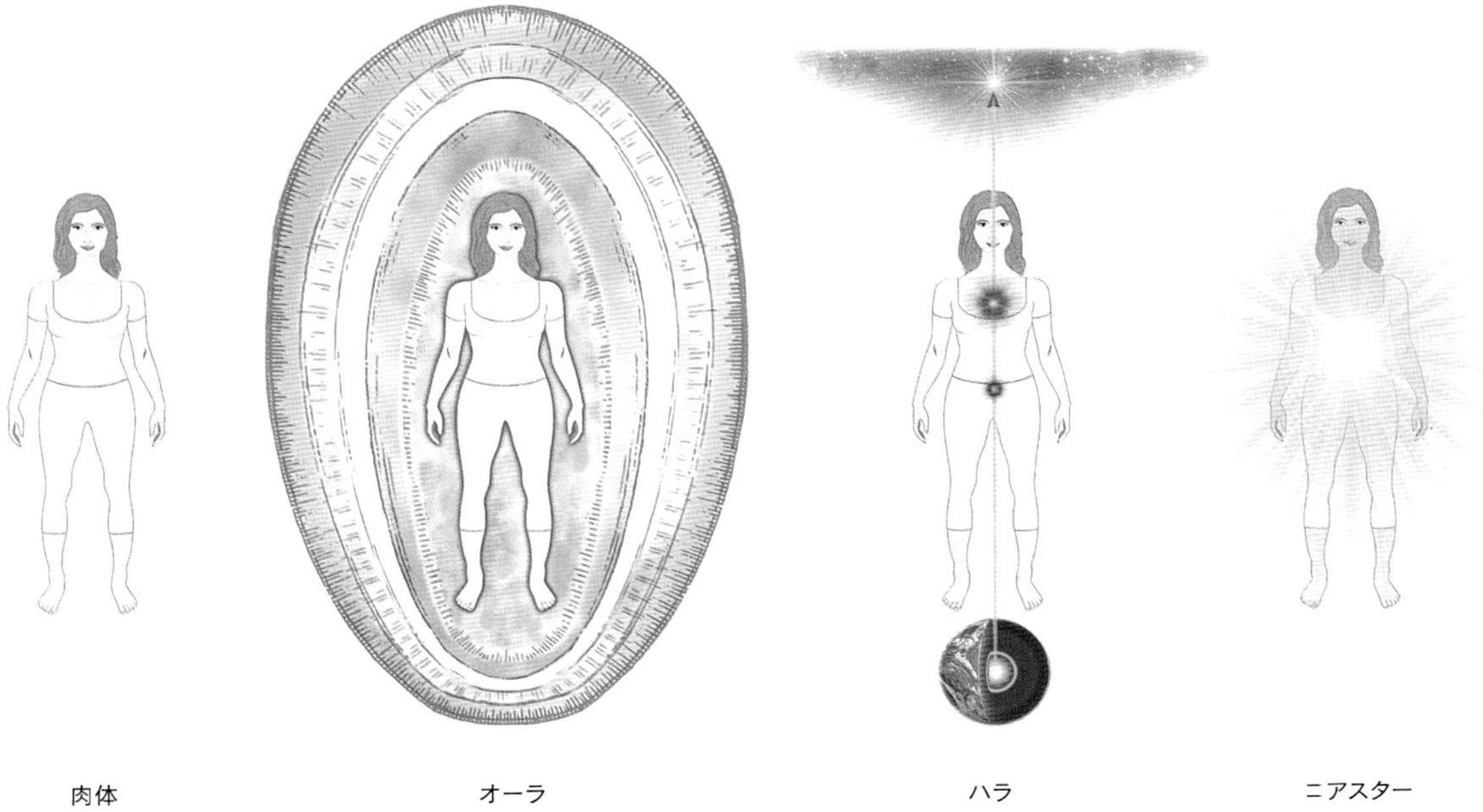

図1-16
生体エネルギー意識体系

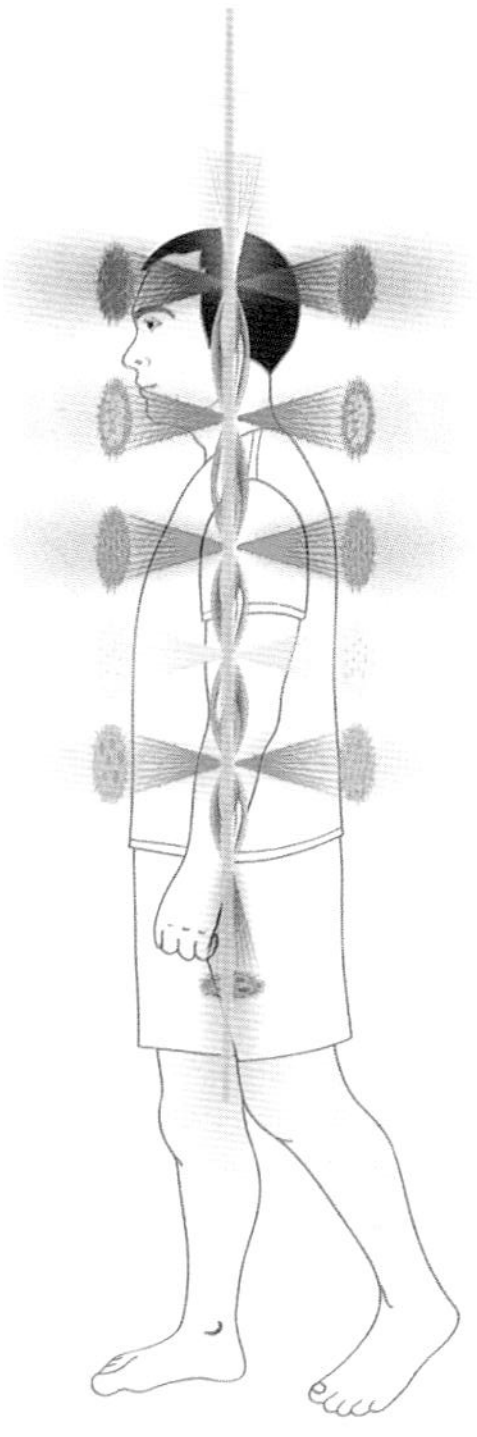

図2-1
整ったハラライン

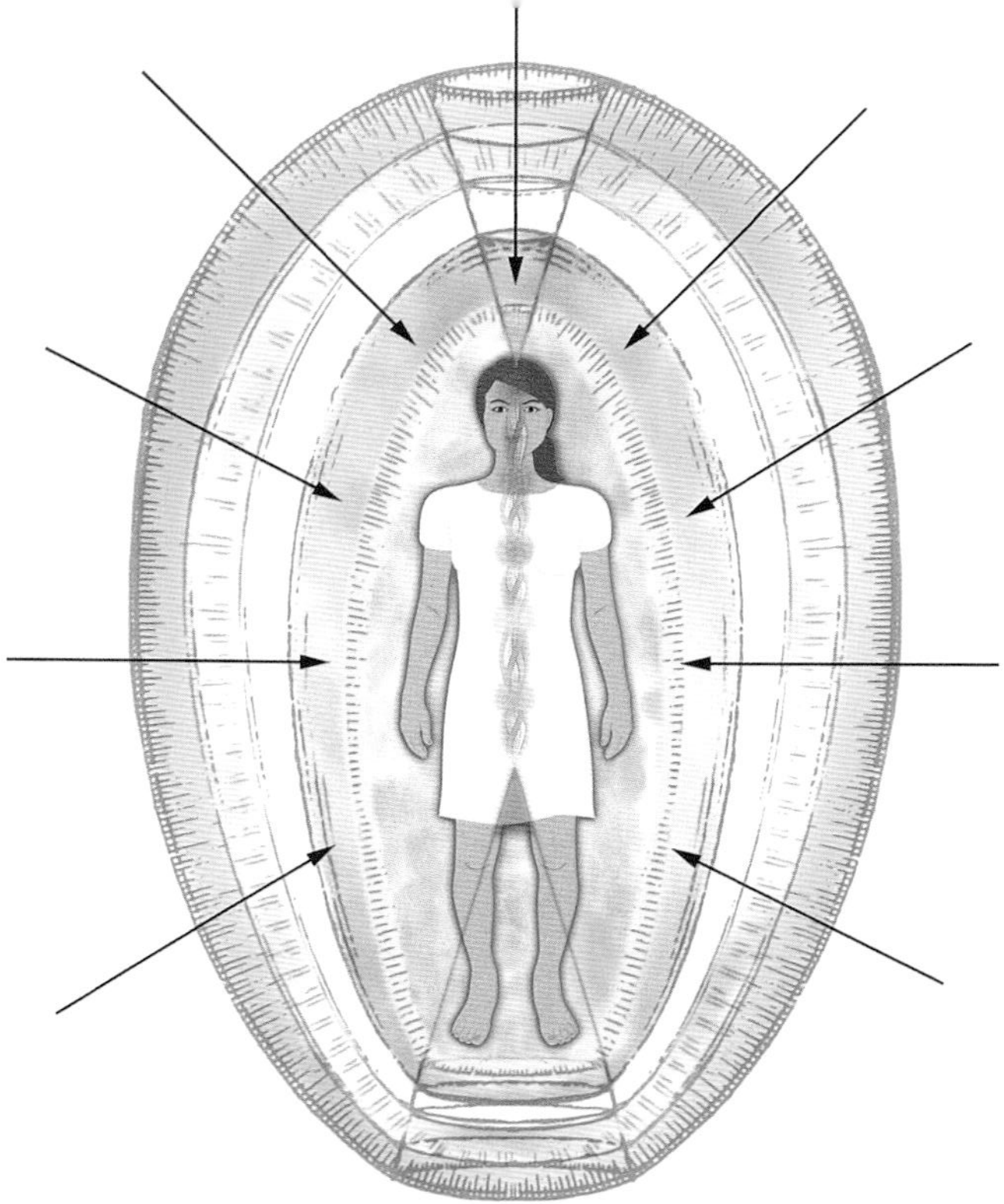

図2-2
クリアな創造のプロセスがHEFを通して具現化する

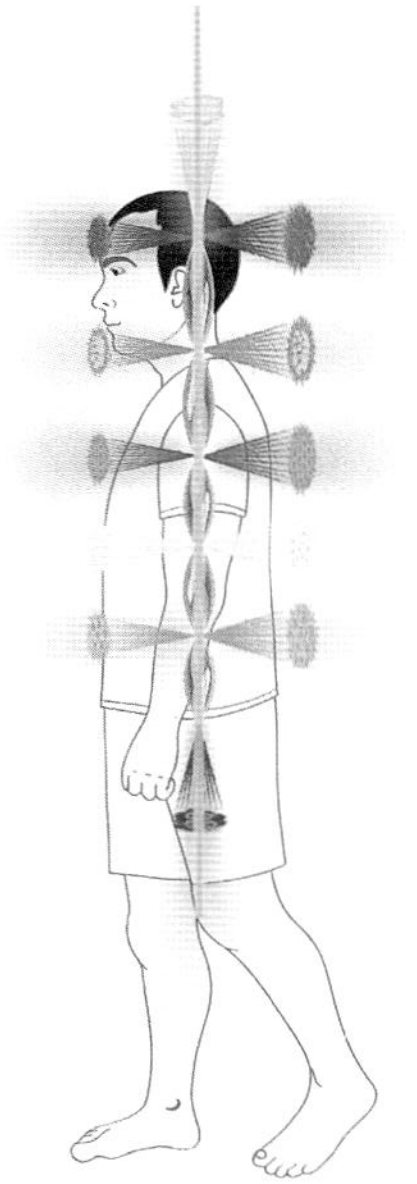

図3-1
無理に流れを作ろうとする防衛がある時のHEF

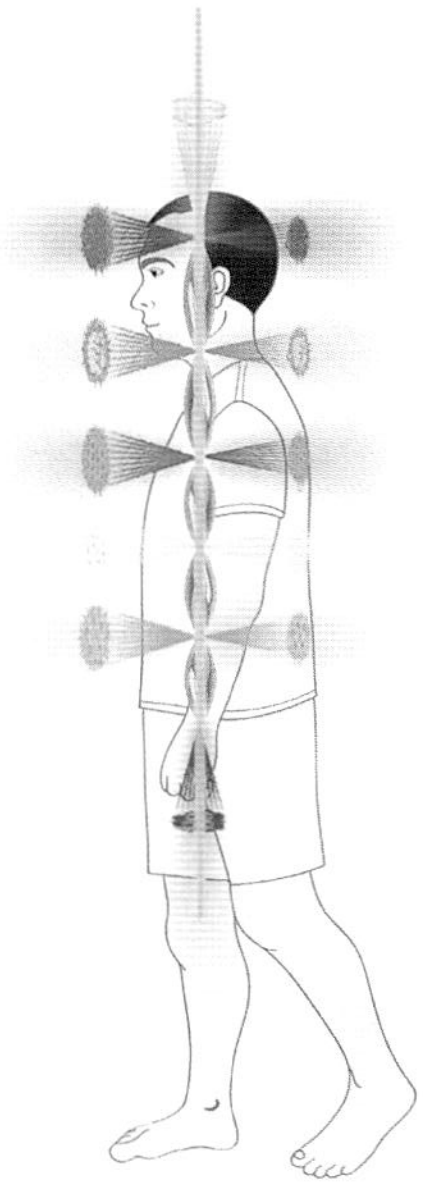

図3-2
受動的で服従的な防衛がある時のHEF

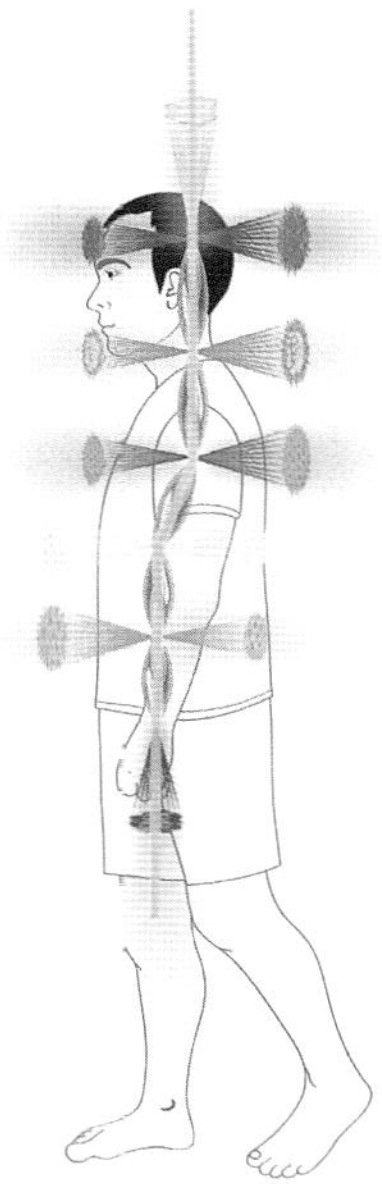

図3-3
受動攻撃的な防衛がある時のHEF

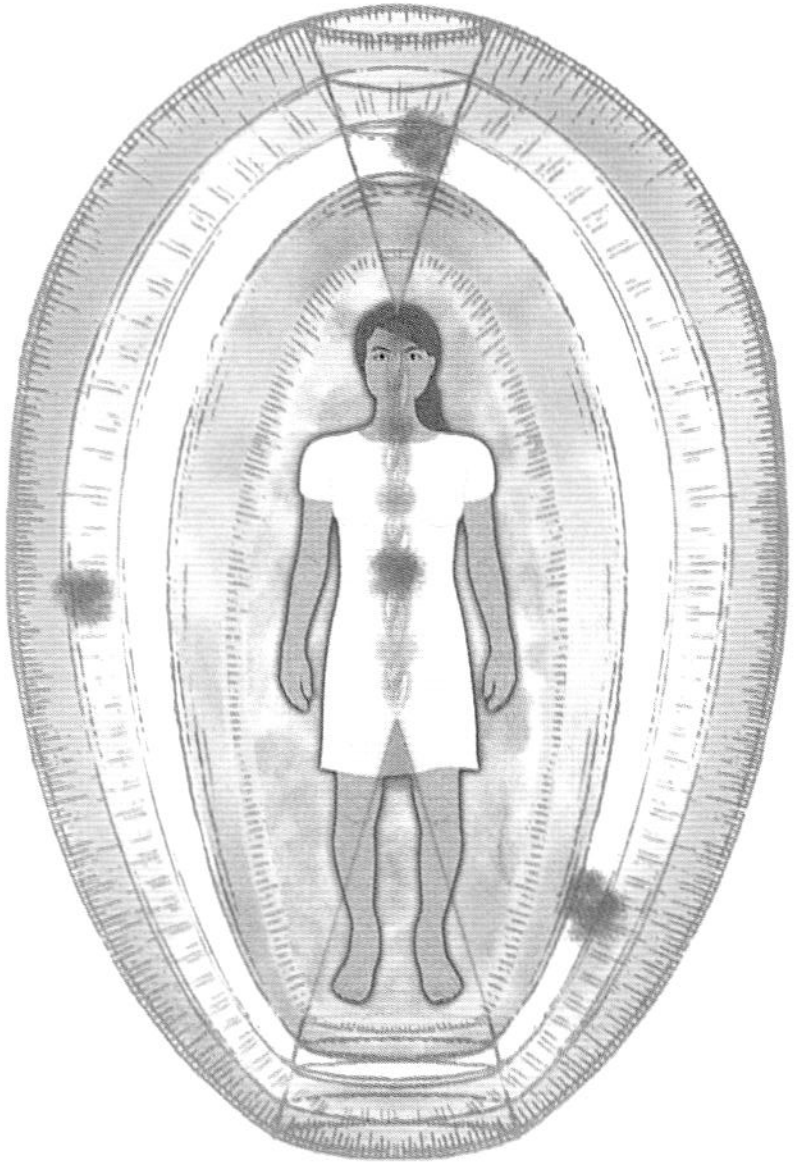

図3-5
ブロックされた創造のプロセス

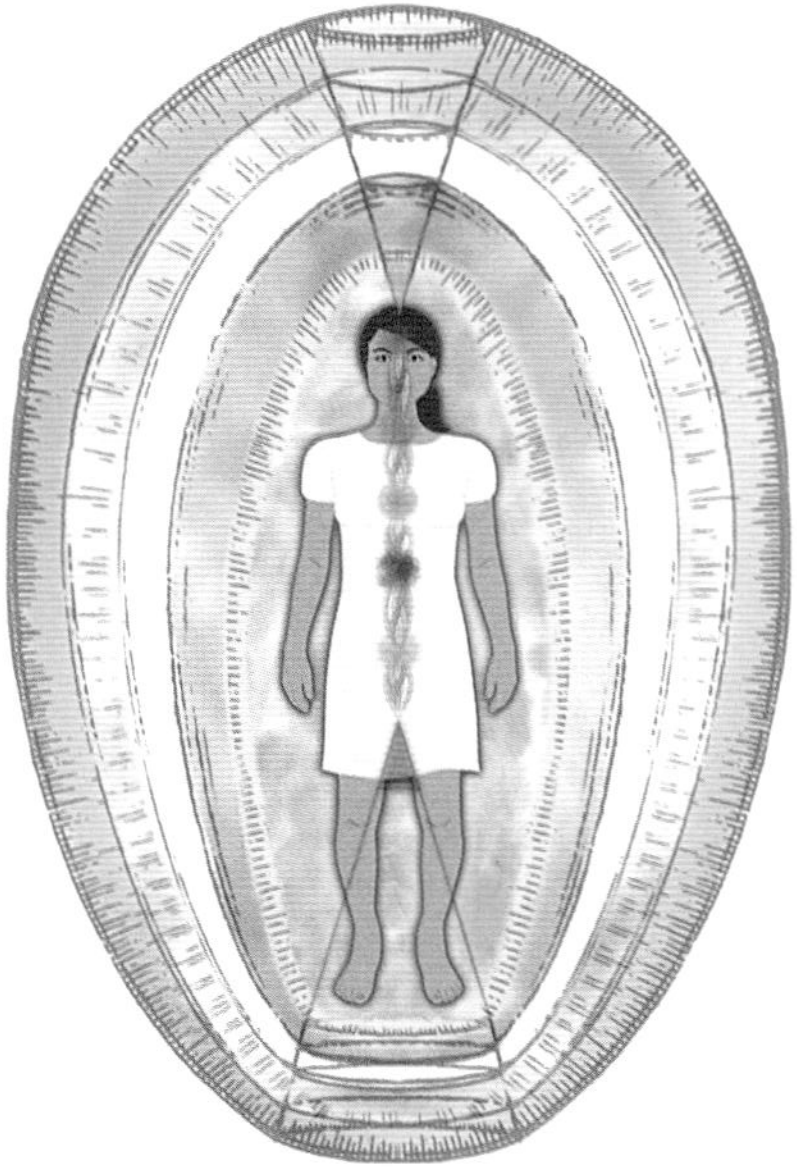

図3-6a
第三チャクラがブロックされたクライアント

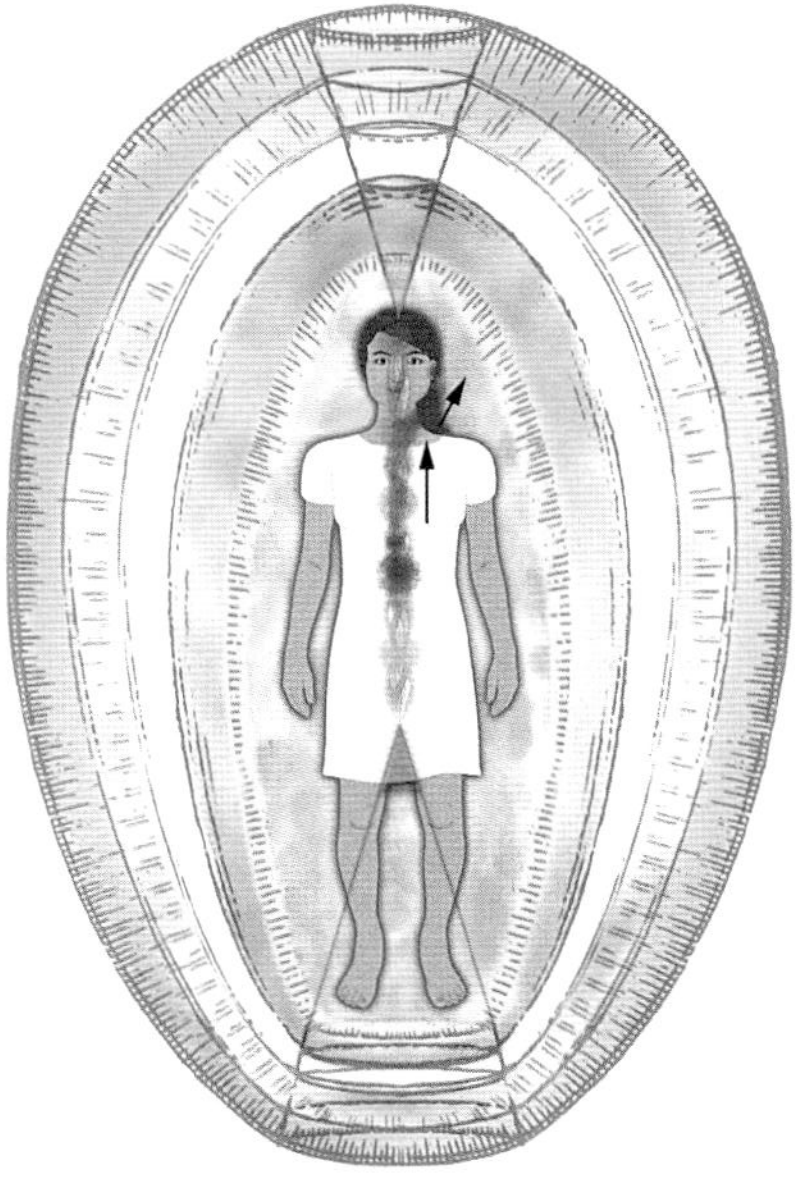

図3-6b
VPCを上昇し始めるブロック

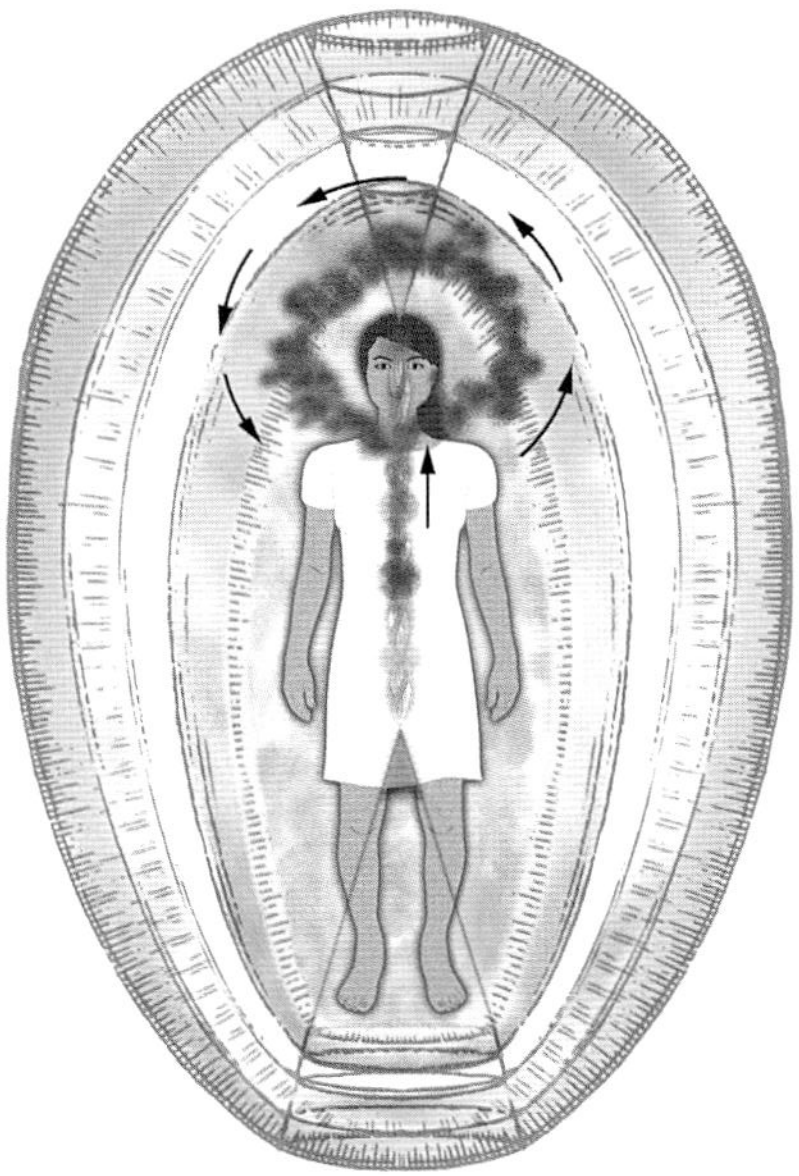

図3-6c
フィールドの中を循環するブロック

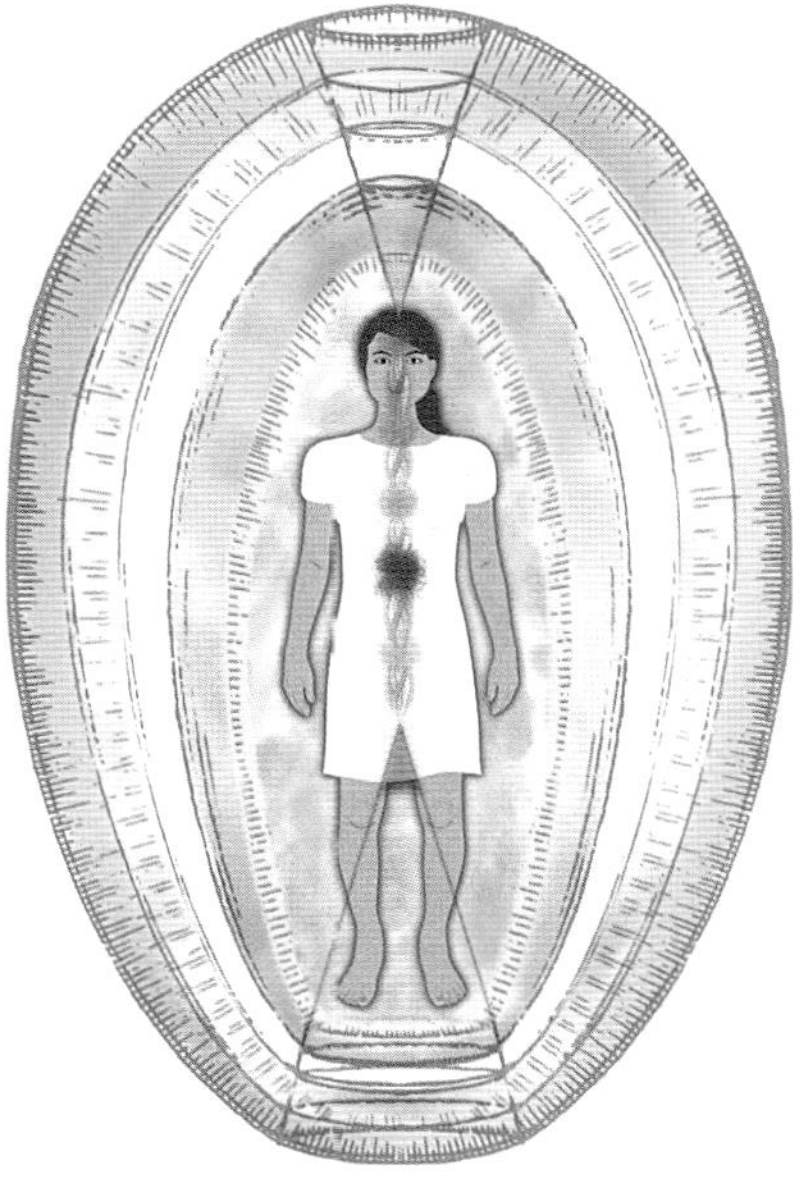

図3-6d
ネガティブなエネルギーが加わり
通常の位置に戻るブロック

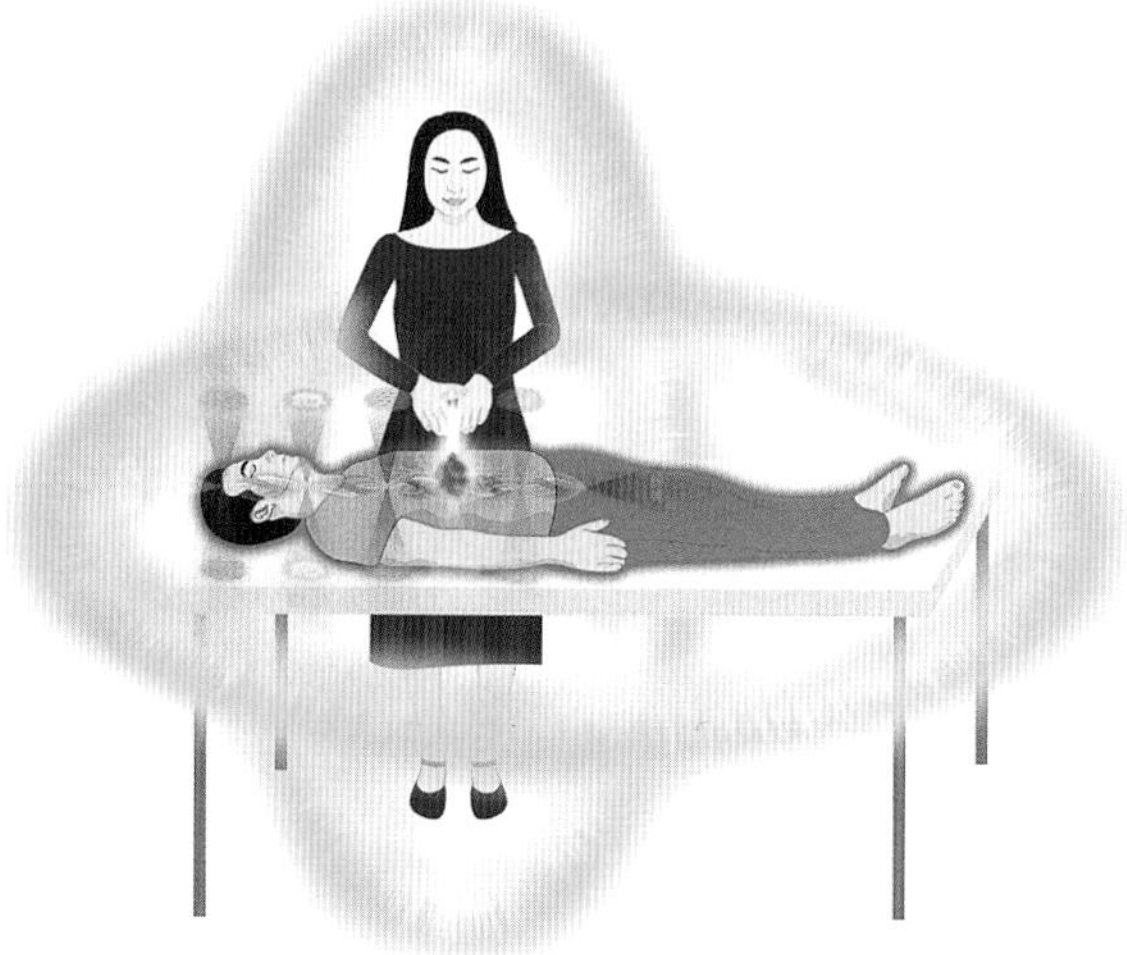

図3-7a
クライアントのフィールドのブロックをクリアリングするヒーラー
ヒーラーはブロックにエネルギーを流す

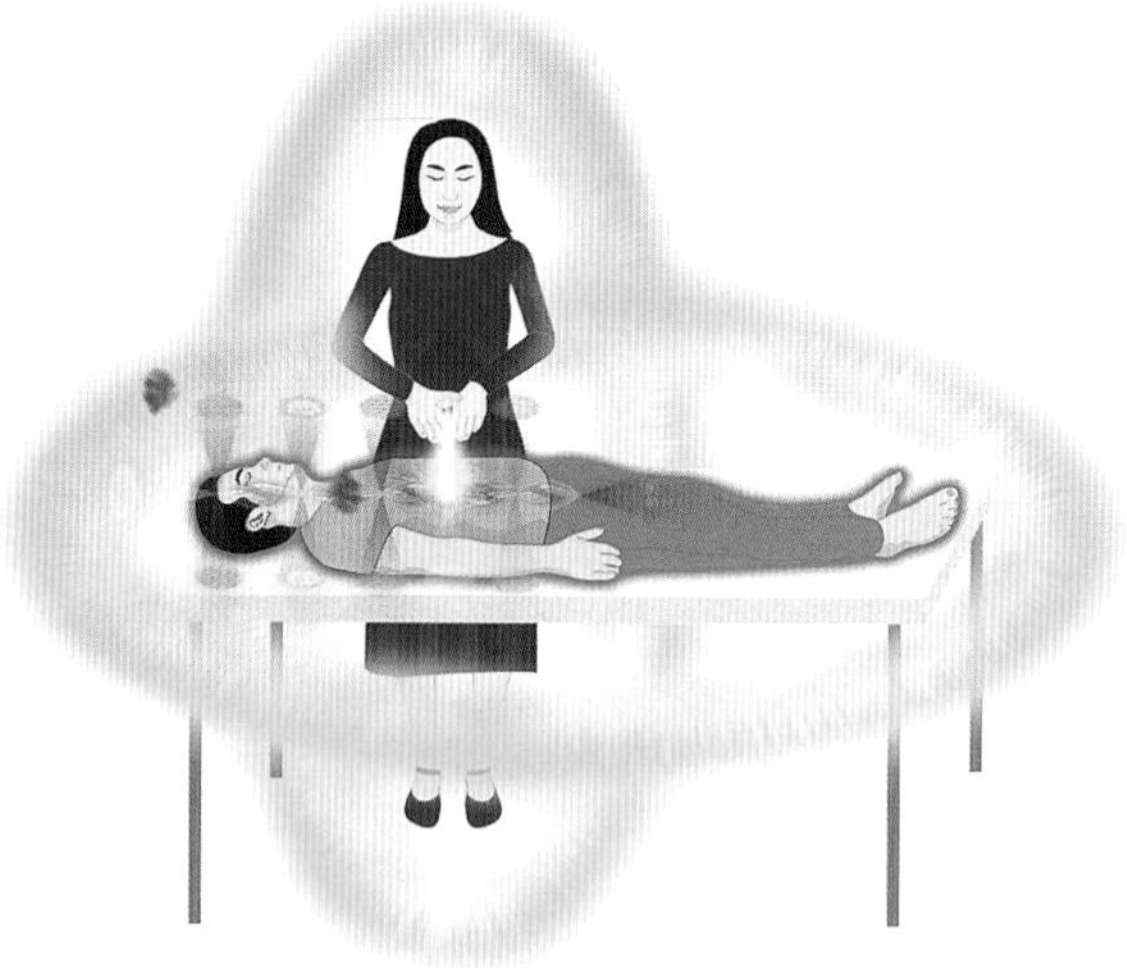

図3-7b
クライアントのフィールドのブロックをクリアリングするヒーラー
ヒーラーはブロックにさらにエネルギーを流す；ブロックはVPCを上昇する

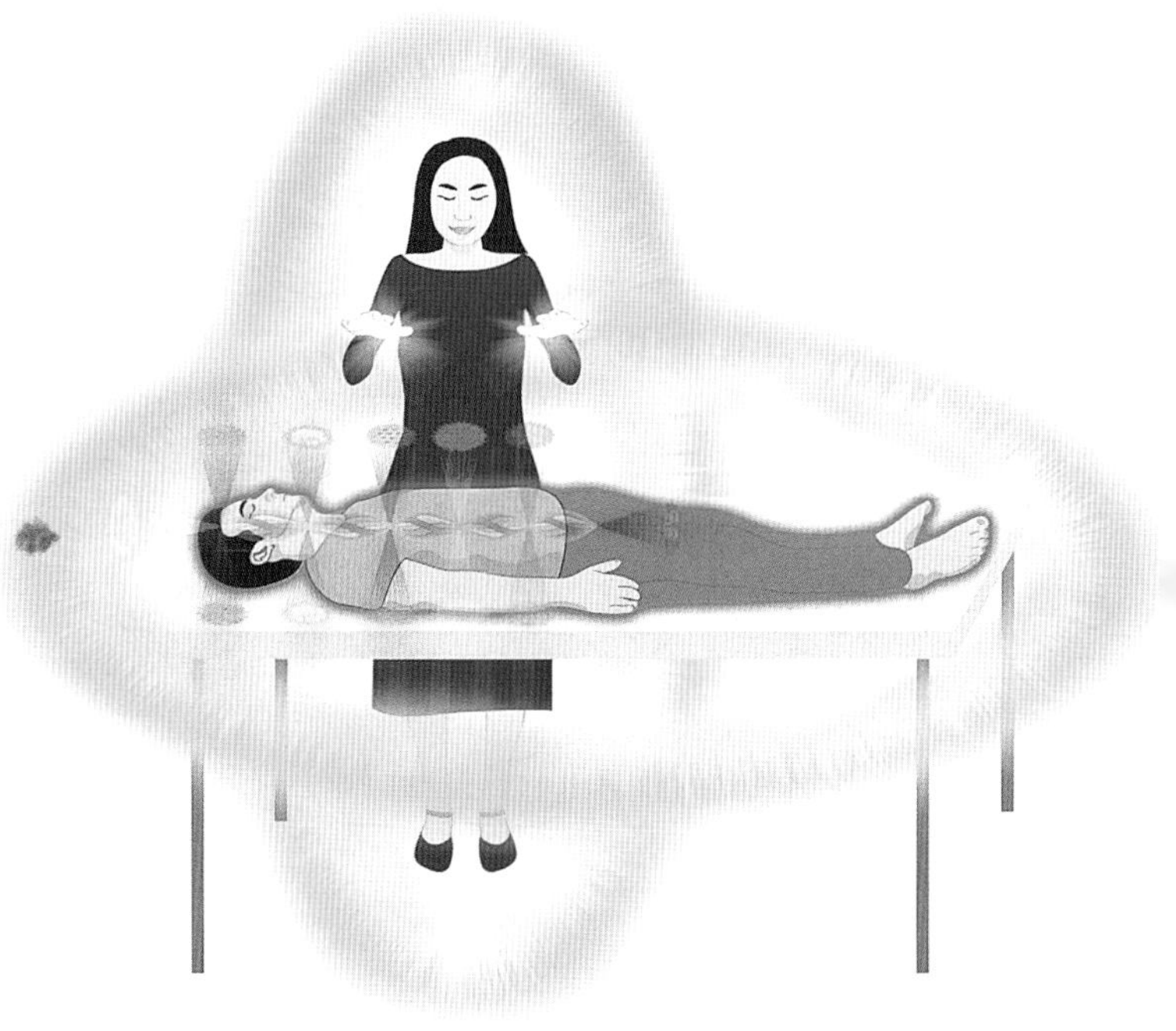

図3-7c
クライアントのフィールドのブロックをクリアリングするヒーラー
ヒーラーはブロックされていないエネルギー意識をHEFの高次のレベルに統合する

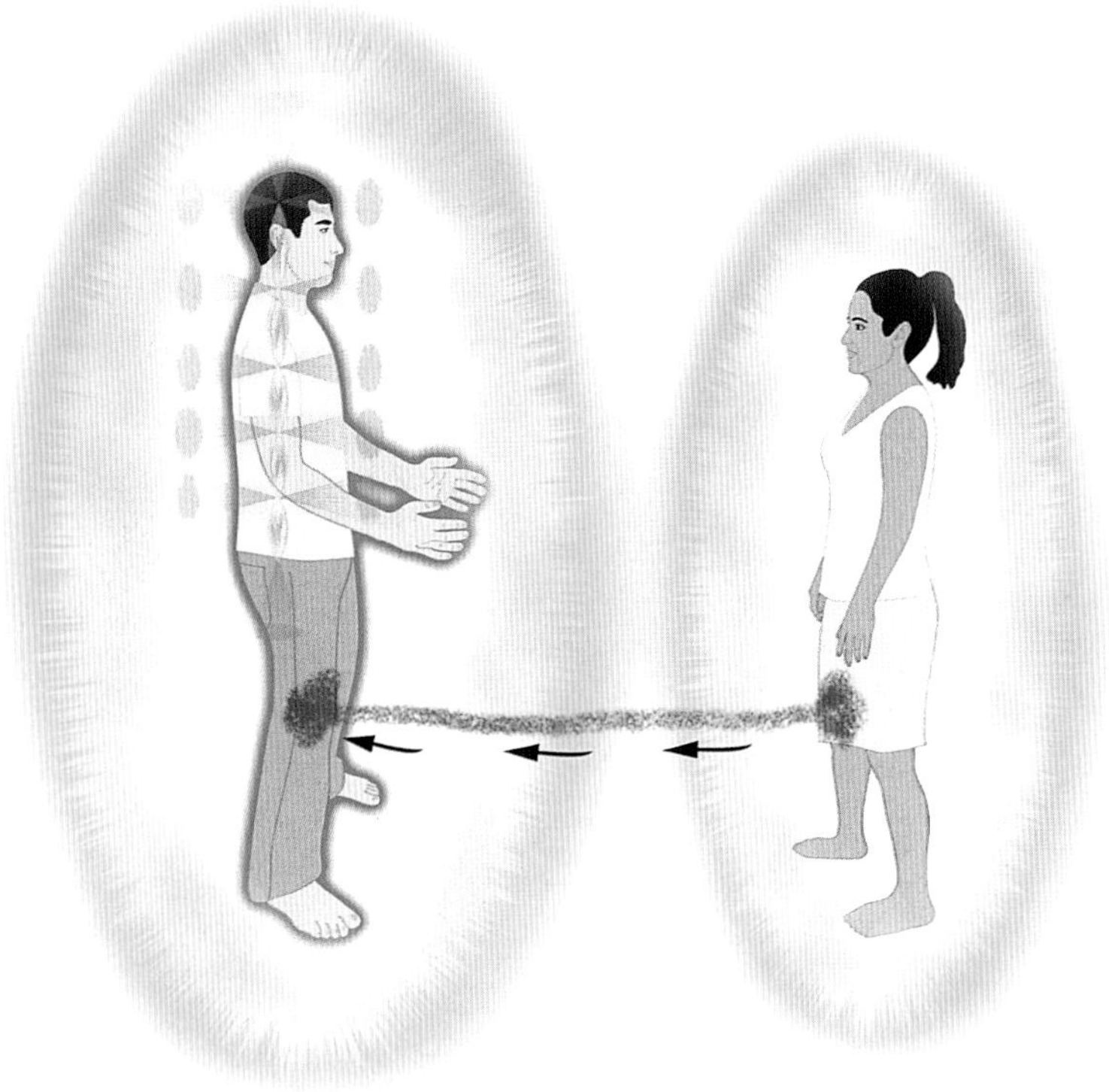

図6-3a
クライアントの情報（痛み）を自分のボディに引き込むヒーラー
不適切

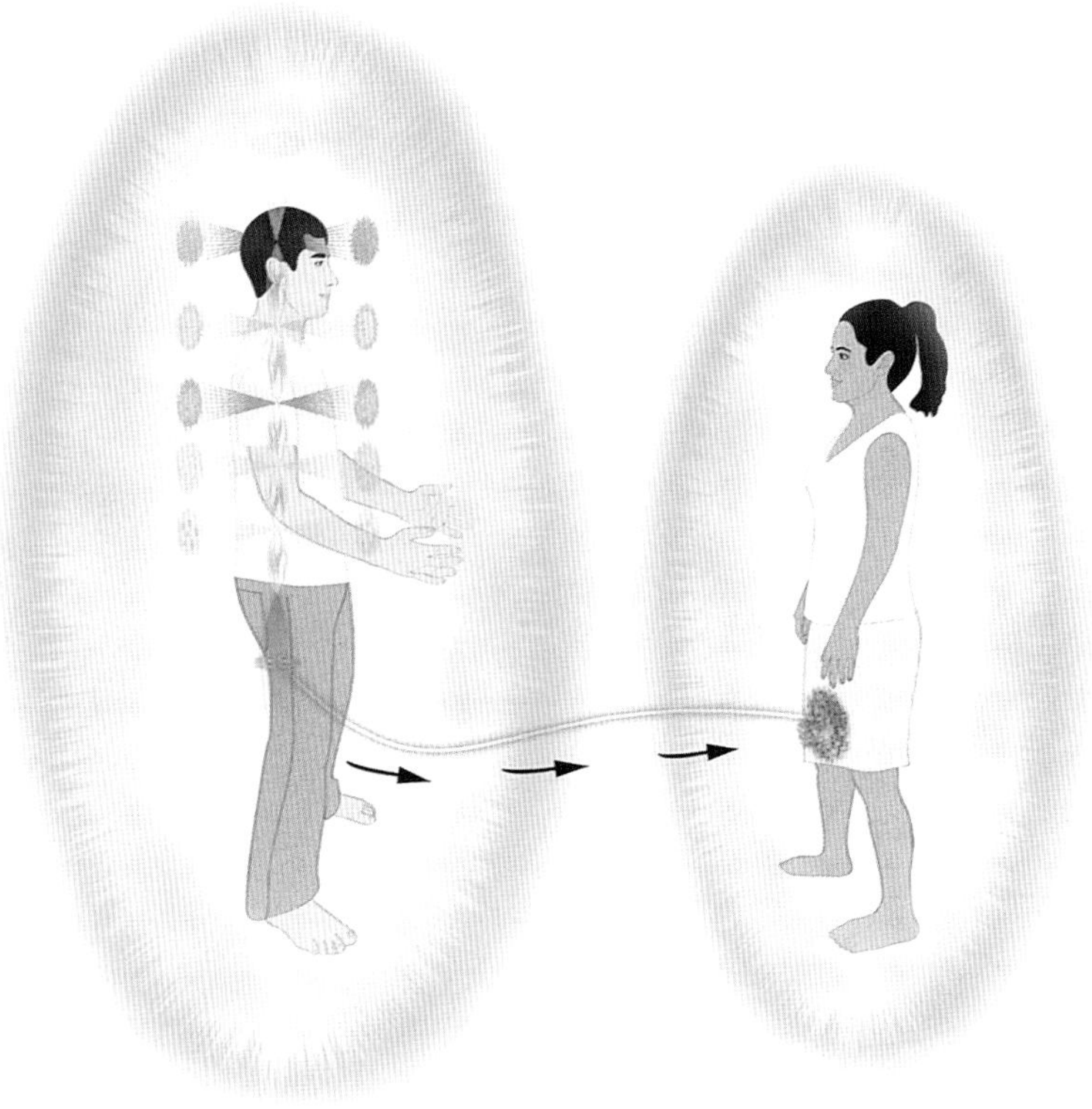

図6-3b
HSPを偽足に伸ばしてクライアントにつなげるヒーラー
適切

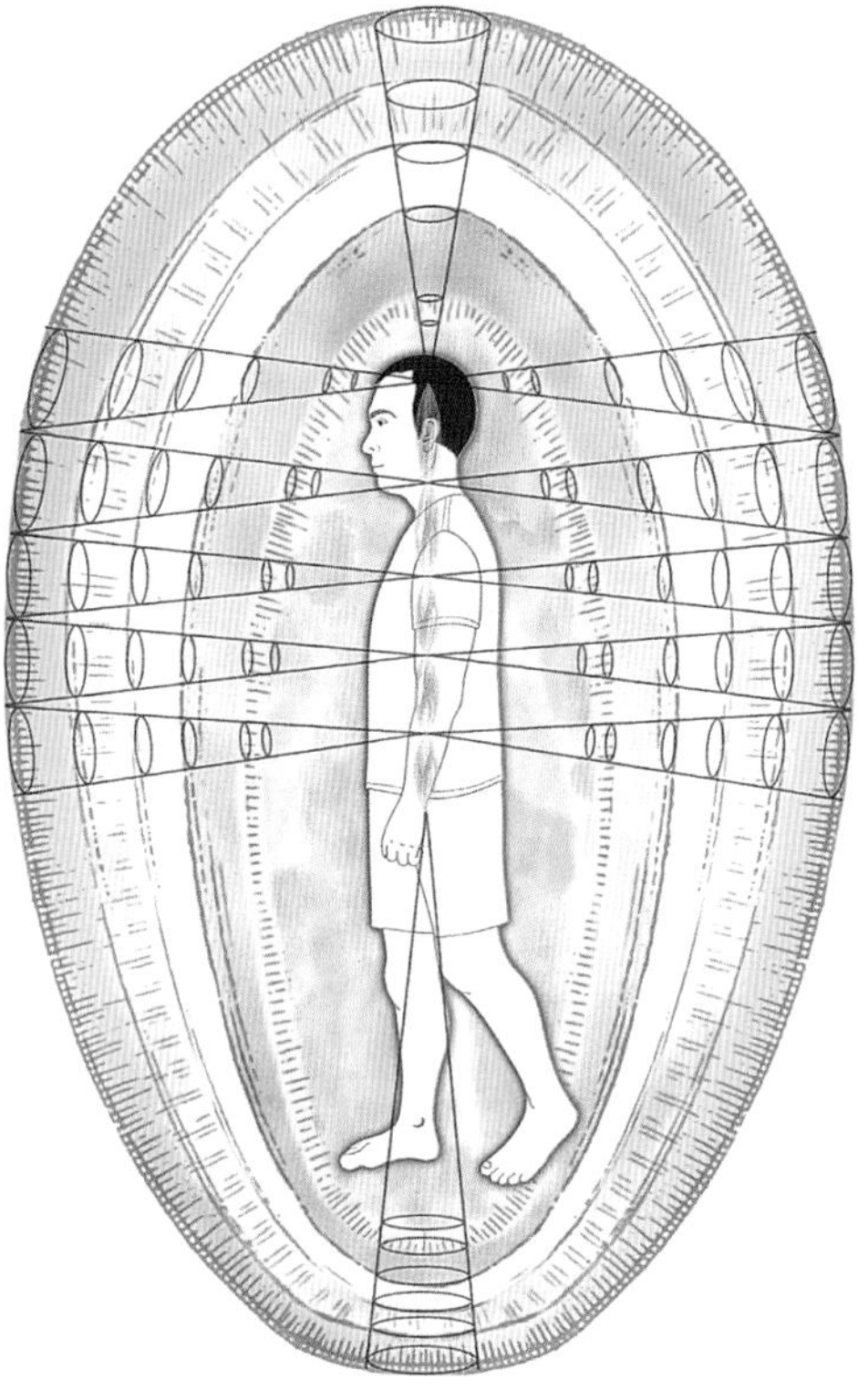

図6-4
整っているフィールド

目次

目次（下巻）

第二部　フィールドの第四レベルでの創造性の癒し――関係性

謝辞

私を信じてお力添えをくださった皆様に心より感謝いたします。私のスピリチュアルガイドたちは私の人生にとって大きな存在であり、本書に記したメッセージを伝えてくれました。また、私の素晴らしい旅を間近で見守ってくれた夫のイーライ・ウェルナーに永遠の感謝を捧げます。

そして、真摯に支えてくれたオフィスのスタッフへ。本書の発案から完成に至るまで熟練したリーダーシップを発揮してくれたダイアン・ドッジ。草稿から完成まで温かい協力をくれたスチュアート・アダムズ。素晴らしい手腕で企画の運営に当たり、挿画の監修と編集アドバイザーとして貴重な洞察を与えてくれたデニス・モロ。バーバラ・ブレナン・スクール・オブ・ヒーリング（ＢＢＳＨ）のスタッフの皆様に常に支えていただいたことを永遠に感謝します。

本書の出版の実現に向けて助力をくれたリサ・ヴァン・オストランドと、美しい挿画を寄せてくれたオーレリアン・プマヤナ・フロレットとボナ・ユウにも心から感謝します。

コアライトヒーリング　究極の光の手（上）

編集者まえがき

バーバラ・ブレナンは今世紀で最も影響力をもつハンズオンヒーラーであり透視能力者と言えるでしょう。彼女の取り組みは先見性に富み、画期的です。彼女の生体エネルギーフィールド（Human Energy Field: ＨＥＦ）理論は今日でも多くの場で言及されています。この理論はエネルギーヒーリングの分野に広く取り入れられ、後進の諸派を導く存在でもあります。理論のみならず、明確な意図の重要性など、他の教えも広がりました。学校やワークショップで、また著書を通して、さらには彼女に学んだ学生たちを通してバーバラの教えは世界じゅうに広がり、幾多の人々に影響を与えてきました。

人はバーバラの話に魅了されます。特に彼女の生い立ちやヒーリングの能力、彼女に見える霊的現象は関心を引きつけます。学生やレクチャー参加者からも頻繁に質問されることでもあります。バーバラは身近なことから世界規模の問題まで幅広くチャネリングをしました。健康や癒し、心の問題、スピリチュアリティ、天使や悪魔の存在をはじめ、誰かの役に立ちそうなものなら何にでも取り組みました。

この本では初めてバーバラ自身の言葉で彼女の人生が語られます。古めかしい話も出てきますが、それは彼女が一九四〇年代にウィスコンシン州の農場で生まれ育ったゆえでしょう。大学に行くまでほとんど何も見ていない——牛以外は——とよく話していたほどですから、無理もありません。親が子どものお尻を叩いてしつけていた時代の感覚は、現代と大きく異なる部分もあるでしょう。それでも視点の大小を問わず、バーバラのメッセージは時を超えて通用します。世界規模で見れば、昔も今も人類は同じ苦しみに直面しています。また、私たち一人ひとりが生きがいを求め、持てる力を存分に発揮したいと願う気持ちも共通です。

本書にはバーバラがどのような現象を体験し、いかにヒーリングの分野で独特の存在になったかが綴《つづ》られています。他者との違いや、科学者とヒーラーの両方の視点を持つ彼女ならではの苦労や思いも伝わってくることでしょう。見えない世界を見て、感じて、体験できたらと願う人は少なくありません。この世を去った家族と話したい、会いたいといった気持ちもそんな願いの一例です。ここにバーバラの素晴らしい才能があります。一つは目に見えない世界への架け橋を作る能力。そして、それらの世界に読者の皆さんを案内し、探索をする能力です。

本書は理想の人生を創造するプロセスを語る本です。

第一部は生体エネルギー意識体系（Human Energy Consciousness System：ＨＥＣＳ）の仕組みと創造プロセスの流れを振り返ります。そして、ＨＥＣＳを流れる創造のプロセスについて説明します。真の願いを実現させるには、創造のパルス（creative pulse）のブロックを取り払うことが必要です。このブロックがない人は、残念ながらいません。誰しも幼少期の心の傷やトラウマのためにエネルギーの動きが止まっている場所があるのです。これらのブロックが創造を妨げ、同じパターンをくり返す悪循環を起こします。バーバラはこうしたブロックを取り除く手順を教えてくれます。ブロック除去によって創造のエネルギーは自由に流れ、願望の実現だけでなくコアエッセンスやコアライトもさらに輝きます。

画期的な『光の手——自己変革への旅（上・下）』（河出書房新社）では生体エネルギーフィールドが

私たちの現実体験に対して広範囲にわたって影響していることが述べられています。本書の第二部ではHEFの中でもアストラルレベルと呼ばれる第四レベルに焦点を当て、読者を驚きの世界に招待します。このレベルはミステリアスであるために誤解されることも多いのですが、私たちの自己や人間関係、人間性に深い影響力を持っています。第四レベルは三次元の物質界と、さらに高次のスピリチュアルな世界との架け橋であり、物体から想念形体まで、ありとあらゆるものが存在します。関係性にまつわる領域であり、私たちは「類は友を呼ぶ」法則に従い、第四レベルに存在する者たちと常に共同創造をしています。このレベルはアストラル界とも呼ばれますが、三次元の物質界には存在しないため、肉眼では見えません。しかし、太古の昔には、この世界と通じた文化も数多くありました。

第二部ではまず、超感覚的知覚（High Sense Perception: ＨＳＰ）の働きと、ＨＥＣＳの各レベルをどのように知覚するかを解説します。第四レベルを知るにはまず知覚せねばなりません。次に、第四レベルの詳細や物質界との違いが述べられます。バーバラのヒーリングでの実体験を豊富にまじえ、さまざまな物体や存在との交流、第四レベルの低次の領域や黒魔術との遭遇などについても語られます。

バーバラは創造のプロセスを阻むブロックを「タイムカプセル」と呼び、複数の過去生で発生した可能性もあると考えています。タイムカプセルヒーリングがいかに創造エネルギーを解放し、また、死の過程やアストラルトラベル（幽体離脱）がＨＥＣＳに与える影響も説明します。

第四レベルは関係性のレベルですから、さまざまな種類のコードが存在します。たいていの場合は二人の間で結ばれており、目に見えない情報の送受信がなされています。たとえば、私たちは実の両親との間に遺伝コード（genetic cords）を結び、次に、他の人々と関係コード（relational cords）を結びます。すこやかでないコードには歪みがあり、創造のプロセスが阻まれます。損傷を受けた遺伝コードは先祖のルーツと呼ばれます。私たちと先祖を結び、何世代にもわたって誤った信念体系を伝えるものです。

各種のコードはもちろん、先祖のルーツの癒しについても詳しく解説します。

バーバラのガイド、ヘヨアンのチャネリングによる詩も随所に添えられ、本書のコンセプトを明快に伝えています。また、各章の終わりには、自己の理解をさらに深めていただけるような質問を掲載しています。内面の探索から物質界とスピリチュアルな世界の狭間の探訪まで、さまざまな旅をお楽しみください。旅を終える頃にはいかに「あなた」があなたの人生の創造者であるか、理解を深めていただけるでしょう。

リサ・ヴァン・オストランド
BBSH一九九五年度卒業生
BBSH解剖生理学部長
BBSHアドバンスド・スタディーズ前学部長
BBSH学長

序　二十一世紀を生きるためのツール

きみは片足を
物質界の現実に、
もう一方の片足を
スピリチュアルな現実に置いて立っている。
両足の間には
コアのしっかりとした基礎がある。
――ヘヨアン

私は最初の著書『光の手――自己変革への旅（上・下）』で主に生体エネルギーフィールド（Human Energy Field: ＨＥＦ）の七つのレベルの構造と機能、人体との関係、ハンズオンヒーリングにおける用途について述べました。『光の手』は手を当てて癒すハンズオンヒーリングがどのようにおこなわれ、なぜ効果があるのかを明快に理解していただける内容です。

二作目の『癒しの光――自己ヒーリングへの旅（上・下）』（河出書房新社）では生き方における癒しのプロセスを紹介しました。この癒しのプロセスは生体エネルギー意識体系（Human Energy Consciousness System: ＨＥＣＳ）で起こります。ＨＥＣＳは肉体と生体エネルギーフィールド（ＨＥＦ）、ハラ（腹）、コアエッセンスの四つの次元で構成されています。

第三作目の本書では、あなたの存在のコアにあるコアエッセンスから生まれる創造のエネルギーを理解して癒し、解放して活かすことによって、望みどおりの生き方を創造する方法を解説します。そのためには、あなたの存在を深く見つめ、親しむことが必要です。自分のよい面ばかりではなく、心の闇とも向き合うことになるでしょう。コアエネルギーを解放するために魂が切望すること（ロンギング）に従い、より深い光の源と愛と、あなたの中にある生命を尊ぶことを学びます。それは想像を絶するほど力強いものかもしれません。それを受け入れ、共存できるようになれば、あなたの人生は劇的に変わるでしょう。地球上の生きとし生けるもの、また宇宙に存在するであろう生物もみな、それぞれ独自のコアライト、あるいはコアエッセンスを持っています。それが本来の「あなた」なのです。

私と共に旅に出ましょう。
それはあなたの旅です。
一人ひとりの旅はユニークであり、
その人の個人的な旅です。

本来のあなたになりましょう。
本来のあなたは崇高です。
光である自己のエッセンスを
肉体から、エネルギーフィールドから、
四つの次元から、人生で輝かせてください。

その光を無限の宇宙に放ちましょう。
それはあなたの至上の願いを超えたところに

あなたを運んでくれるでしょう。

それはあなたを人生に運び入れてくれるのです。
そういえばこうしたかったのだと
夢に見た生き方に！
私と一緒に行きましょう。
至高のあなた、崇高なるあなたの中へ！

それは、なれるとは夢にも思わなかったあなたです！

生まれてからずっと望んできたあなた自身です！

私が来た道、私の人生

私がどんな道を歩んできたかをお話ししましょう。過去がどんなものであれ、それを尊ぶことは学びを尊ぶことです。では、生い立ちから始めます。

私はオクラホマ州の広大な小麦農場にある小屋で生まれました。赤ん坊の私はへその緒が首に巻きついて真っ青でした。お医者さんなど近所にいません。産声を上げない私は生命が危ぶまれましたが、後に母は「あなたったら一度大声を出し始めたら、それからずっと騒ぎっぱなし！」とよく言いました。それは本当の話でしょう。母は根っからの正直者でしたから。

生後間もない私を連れて両親は別の州に移り、また転居を重ねました。おそらく二年に一度は引っ越していたでしょう。

私は幼い頃から「それは本当？」と質問ばかりして、人をうんざりさせました。みんなが何を現実だと捉えているのか、まったくわからなかったのです。私にとっては何もかもが規則ばかりに見えました。言ってはいけない言葉やしてはいけないことがあり、ふさわしくない作法や態度というものがある。何を信じるかも決められていて、馬鹿げたことも信じる。誰もが本心を偽り、場にふさわしい感情を装っているだけに見えました。私は他の人々と同じようには考えず、人と同じようになりたいとも思いませんでした。高校に入ってからも、私の関心は他の女の子たちと違う方面に向きました。みな家庭科を勉強していましたが、私は物理学や数学が好き。それなのに、私は全校生徒の投票で同窓会イベントのクイーンに選ばれてしまいました。そうなる予感はしていたものの、なぜそうなったかわかりません。私にはボーイフレンドさえいませんでした。でも、クイーンにはダンスの相手が必要です。内気な私はやっとの思いでフットボール部の男子に声をかけました。挨拶もろくにしたことがない人です。彼はＯＫしてくれましたが、お互いに知らない同士でしたから、何を話していいかもわかりません。パーティー当日、女の子たちは美しく着飾っていましたが、私のドレスは母の手作り。恥ずかしくて、早くダンスが終わってほしいと思いました。

ウィスコンシン大学マディソン校

両親が学費を工面できなかったので、私は十二歳の頃から近所で庭仕事やベビーシッターをして働きました。中学と高校ではドライブインで飲み物を運ぶ「カーホップ」と呼ばれる仕事をし、その後ウェイトレスになり、それから高級レストランの案内係になりました。カレッジの途中で貯金が底をつくと休学し、ドアを作る工場で夜勤をしました。深夜から明け方まで、大きな機械が切り出すベニヤ板の亀裂をハンマーで叩いてならすのです。これは私の経験上、一番きつい仕事だったと思います。お金を貯めたら、私は州立のカレッジからウィスコンシン大学マディソン校（UW）に移りました。

UWで最初に取り組んだのはメンドータ湖の気温と湿度の計測で、湖を行き来する調査船に乗りました。湖上に発生した気流は湖から蒸発した水分を含みます。その湿度がどれぐらい上昇するかの調査でした。

私は物理学部で理学士号を、UW気象学部で理学修士号を取得しました。気象学部では気象予測よりも上層大気の物理に注目しました。修士論文のための研究は赤外放射計の設計と制作です。この放射計はアメリカが世界で初めて打ち上げた気象衛星タイロスの三号機に搭載するものでした。担当教授はジョン・F・ケネディ大統領の科学諮問委員会の委員でもあったヴェルナー・スオミ教授でした。

NASAゴダード宇宙飛行センター

カレッジを終えた後に初めて得た仕事はNASA（アメリカ航空宇宙局）ゴダード宇宙飛行センターの物理学研究員です。NASA設立初期の時代でした。私は人工衛星ニンバス二号の遠隔測定装置を担当しました。装置を組み立てて試験をし、打ち上げ前に実験室で、また、飛行中の衛星での測定調整をしました。

この装置は中分解能赤外放射計、略してMRIRと呼ばれます。これをニンバス二号に乗せ、地球から放射される紫外線から可視光線、赤外線まで五種類の波長域の電磁スペクトルを測定しました。取得したデータをまとめ、報告書を作るのも私の仕事でした。

衛星のデータ解析が困難な時はコンベア九九〇旅客機（通称「ガリレオ」）で取得したデータを参照して確認します。私は「主任調査官」としてその照合作業にも当たりました。人工衛星の真下を旅客機が通過するように、できるだけ航路を高くに設定し、地表のあらゆる環境下で測定を実施しました。高濃度の塩水をたたえるカリフォルニア州南部のソルトン湖や大気が非常に乾燥したチリからアルゼンチンの国境へと広がるアタカマ塩原、アマゾン川北部の支流ネグロ川の密林、北極の氷冠、南極のロス棚氷。また、嵐の大西洋と太平洋をうねるさまざまな高さの波の上や、いろいろな形状の雲の上のデータも取りました。地表からの反射光や放射の状態をさまざまな標高で計測し、大気への影響を調べるのです。航空機による測定は人工衛星のデータと比較するために必要でした。私は遠征の合間にデータを整理し、大気の影響を受けた衛星データの修正方法を考えました。私はゴダードでの仕事が好きでした。今でもなつかしく思います。

数年間この調査に携わっているうちに、アメリカの世相が変わってきました。特に、私が住むワシントンD.C.は激動していました。現地の女性運動や人種差別に抗議する暴動が新聞で大々的に報道され、全米に波及していったのです。物理学者である私は女性の地位について考えたことがありませんでした。でも、ふと、私は女性としては珍しい仕事をしているのだと気づきました。入所以来、私は部署でただ一人の女性物理学者。数年後にメアリー・トビンという女性が入職しましたが、それでも部署内の女性は二人です。ゴダード全体ではどうだったかわかりませんが、私たちの部署はそんな状態でした。

当時、私が住んでいたのはワシントンD.C.の中でも黒人が多い地区でした。私はウィスコンシン州の田舎育ちで子どもの頃から働いていて、人種問題や男女の格差を知りませんでした。黒人や同性愛者への差別があること自体になじみがありませんでした。ゴダードでは黒人の同僚たちもおり、よい仲間でした。余暇にはメアリーと私でレンタカーを借り、彼らと気軽に外出したものです。ところがある日、南部のある都市から遠出をしようとすると、彼らは激しく拒否しました。

その剣幕に私たちは驚き、何か悪いことをしたのだろうかと戸惑いました。実は、黒人男性である彼らにとって南部のその街は非常に危険だったのです。仕事仲間と普通にドライブするだけだと思っていた私たちはショックを受けました。これがアメリカの情勢なんだ、何とかしなきゃ、と思いました。

私はあらゆる人が平等の権利をもつことに賛成です。私はNASAで男性と対等の待遇を受けていましたが、女性の人権や賃金の平等を求めるデモ行進や社会運動に参加しました。アメリカの女性労働者の多くが不当に扱われていると知ったからです。私は人生のことや、多くの問題について考えるようになりました。ワシントンD.C.を揺るがす社会問題と共に私は変わり始めました。

心のあり方や心理学的なプロセスに興味を持った私は、週末を利用してバイオエナジェティクスのワークショップに参加するようになりました。本格的にセラピストを目指すため、ワシントンD.C.にある精神物理統合研究所（Institute for Psychophysical Synthesis：IPS）でトレーニングを受けることにしました。

精神物理統合研究所

精神物理統合研究所ではフルタイム（四十時間／週）のトレーニングを二年間受けました。生体エネルギーフィールド（HEF）を知覚し始めたのはこの時です。ある指導員の女性は白内障で視力を失っていましたが、生徒たちの身体を通るエネルギーの流れがはっきりと見えているようでした。彼女がどんなふうに「見て」いるかを観察して真似をしてみると、驚いたことにうまくいく。彼女に見えているものが私にも見え始めたのです。初めは「見える」ものに仰天しました。当時、そんなものがあるとは聞いたことがなかったからです。

私は超感覚的知覚（High Sense Perception：ＨＳＰ）でクライアントを見ながら、自分の生体エネルギーフィールドがどのように働いているかを意識して情報を受け取る練習を続けました。超感覚的知覚とは誰もがもつ感覚を使って情報を得る手段のことです。ほとんどの人はこの感覚に気づかないため使い方も知らず、能力を伸ばすことも思いつきません。これを「超感覚的知覚（ＨＳＰ）」と私が呼び始めたのは、サイキックや透視能力といった言葉が怪しげなものを連想させたからです。観察に徹するだけで多くの情報が得られました。しかし、私は数年間、何が見えるかを人に言いませんでした。

私は生体エネルギーフィールドが体系的に、また、論理的に働くことにも驚きました。ゴダードでＭＲＩＲで測定した地表のエネルギーフィールドとそっくりだ、とも思いました。ただ、生体エネルギーフィールドを測る装置は私の頭の中です。自分でも驚きました。しかも、私の脳の働き方はＭＲＩＲの働き方と似てさえいたのです。そこで私は超感覚的知覚を使って観察を続け、知覚能力を高めていきました。生体エネルギーフィールドの変化や動きは個人単位でも、複数の人の間でも起こります。私はバイオエナジェティクスのセラピストを目指しつつ、人々の心理の変化との関連性に注目しました。セラピストになり、グループリーダーになってからも観察を続けました。人にはそれぞれ、習慣的に身についた防衛システムがあります。そのエネルギー的な防御が後に身体の健康問題として表れることもわかってきました。

超感覚的知覚を使うと驚くほど多くの情報が得られます。人の思考や感情、動きはみな、物質界で起きる前に生体エネルギーフィールドに表れます。

超感覚的知覚の働きを把握するために、私はクライアントと自分を交互に、すばやく焦点を切り替えて観察することにしました。すると、こうした自然な生体エネルギーフィールドにはこまかな情報が膨大にあることがわかりました。健康状態や不調の原因、精神と心的機能との関係、生体エネルギーフィールドが肉体に与える影響、人生における選択や、その選択から生じるライフスタイルなどです。これについては『光の手』で述べました。

『癒しの光』ではHECSの四つの次元――肉体、生体エネルギーフィールド、ハラ（腹）、コアエッセンス――の癒しと、その視点から見た人間関係のあり方について書きました。私が四つの次元を知ったのは、ヒーリングを教えていた時におこなったチャネリングからです。

新しい考え方になじむには時間がかかります。特に、それが自分に影響を与えるなら、なおさらです。宗教の教えが邪魔をすることもあります。古い考え方の多くは科学によって刷新されてきました。長年、カトリック教会は天動説を支持し、人間界である地球の周囲を天空が回り、そこに天国があると教えてきました。科学の主張がすんなり受け入れられたわけではありません。地動説を唱えたガリレオは異端者として断罪されました。後の時代に病原菌の存在を唱えたパスツールも、人々に「目に見えないほど小さなものが人を殺すわけがない」と嘲笑されました。しかし、今では細菌の存在も常識になっています。人類は科学を信じるようになったのです。また、科学は私たちの現実認識のしかたを大きく変えました。自然現象として観察できる引力や電磁気力の現象を説明するには遠隔作用や力場の概念が必要です。それを思いついたのがアイザック・ニュートンであり、ジェームズ・クラーク・マクスウェルでした。彼らの考察の結果、対象に触れずに影響を与えることが可能だと証明されました。

科学は常識を覆《くつがえ》し、私たちを驚かせます。今では地球外にある世界の探索が進んでいます。火星には水がありました！　では生命体は？　ええ、発見されました――微小な有機体が（空想小説によくある緑色の宇宙人ではありません）。近年では土星探査機カッシーニによって、星間空間には地球上よりも多くの水があることもわかりました。これは新発見です！　水の存在を調べるのは（今のところ）水と生命体とが密接な関係をもつと考えられているからです。

ならば、宇宙にはもしかしたらわずかに生命体があると考えるよりは、あらゆるところに生命体がいると考えてはどうでしょう。高度な知能をもっている可能性もあります。実際に発見されるまでは何とも言えませんが、いないことを前提にする必要もないでしょう。「生命にはいろいろな形があるのだろう。あらゆるところにいそうだ！　びっくりするような形のものをたくさん探そう」と言ってもよいと思います。宇宙に生命が発見されるのも時間の問題。探索は始まったばかりです。

いつかエネルギー意識も科学的な観測が可能になるでしょう。エネルギー意識も（私の視点から見れば）生命につきものです。研究に必要なのは好奇心。興味をもてば、何を見て何を探すべきか、アイデアが生まれます。

自分自身の体験から好奇心が生まれ、何を問うべきかを考えると、さらによいでしょう。観察すればまた疑問が生まれます。さらに疑問が増えていき、やがて仮説を検証するようになります。実験的証拠を集めて根気よく調べていけば結論が出るでしょう。未知なるものは無限にあります。

私はＮＡＳＡの仕事が大好きでしたし、同僚たちの真摯な姿勢に敬服していました。私たちは初期の研究に参加できた、恵まれた存在でした。

しかし、一九七〇年代の到来と共に私の目は内面の宇宙に向きました。私にはどんな癒しや成長が必要なのだろう、と考え始めました。内面のリアリティがどう形成され、幼少期の体験がどう影響しているかを探求するためにパーソナルプロセスのセッションも受けました。人間関係を見直し、自分にとって健康的でなかった部分は変えました。この「内面の宇宙」の探求はとても面白かったので本腰を入れて勉強したくなり、ゴダードでの研究職を辞めることにしました。書類に退職理由を書かなくてはならず、『ザ・グレイト・マンダラ』というポップスの歌詞から、限られた人生のひとときで回る運命の輪に従う、というくだりを拝借しました。

私の上司ビル・ノードバーグ博士はオーストリアの山村で育った朗らかでやさしい人です。私が尊敬してやまない、大好きな上司でした。博士は私の辞表を読んだ後、私をオフィスに呼んで陽気にこう尋ねました。

「バーバラ！　曼荼羅《マンダラ》って何だい!?」

博士も私もはじけるように笑いました。

コアエナジェティクス

私はワシントンD.C.にある精神物理統合研究所——後に「コミュニティ・オブ・ザ・ホール・パーソン」と名称変更——でジェームズ・コックス神学博士のカリキュラムに従い、さまざまなタイプの身体心理学を学びました。その後、ジョン・ピエラコス医学博士のもとでバイオエナジェティクスを学びました。ピエラコス博士はニューヨークのバイオエナジェティクス・インスティテュートの設立者の一人です。共同設立者アレクサンダー・ローエン博士には有名な『身体の言葉（*Language of the Body*）』（未邦訳）をはじめ、多くの著書があります。

人の身体の内部や周辺に色や形が見え始めたのはその頃でした。それは「光のような」、私にとって初めて見る現象でした。観察を続けるうちに、これは大学院時代やゴダード研究員時代に親しんだものと関係があるのでは、と興味が湧きました。

それが一般的に神秘的な現象として議論されているものだということは、後になって気づきました。私に見えていたのは、いわゆるオーラ。私がけっして好きになれない名称です。オーラが見える人には特別な「オーラ」があると思われがちです。しかし、私はそれを神秘的だと思ったことは一度もありません。神秘ではなく、NASAで観測していた自然現象と同じ。ただ、一つだけ違いがあります。それは、生命や人生経験と密に関係していることです。大きな問題は、私が知る限り、この現象がいまだにきちんと測定されていないこと。意識や意識的な体験について、もっとはっきりとした理解が必要なのでしょう。測定する方法はあるのでしょうか？　それを研究すれば物理学と神経学と心理学に未知の何かを融合したものになるでしょう。それを待つ間、私は自分にできることをしていきたいと思います。この現象に注目すれば自己や周囲について多くがわかります。

科学的な測定装置がないため、私にとっては自分の超感覚的知覚が頼りでした。知りたいことが次々と出てきて、観察にも精が出ました。何かが見えて驚いたことは数知れません。想像とはまったく異なるものでしたから、思い込みは捨ててかかろうと決めました。それでも恥ずかしくて不安で、何年もの間、私は自分に見えたものを秘密にしていました。

生命のエネルギーフィールドの研究は始まったばかりです。科学的な取り組みはまだ本格的ではなく、研究もほんのわずかです。生命のエネルギーフィールドには私たちの生き方や命の情報が豊富にあります。科学が進歩するまでの間、私は自分の超感覚的知覚で情報を集めていくでしょう。

読者の皆さんにも、この新たな探求にお付き合いいただけたらと思います。この本をきっかけに、皆さんご自身の内外にある生命のエネルギーフィールドへの興味を高めていただけたら幸いです。日々の暮らしで実際に体験し、身近に興味を抱く人も増えています。なぜなら現在の常識的な（かつ限定的な）考え方では説明できない体験の理解に役立つからです。

まず、私たちの生命と肉体にエネルギーが満ちていると仮定しましょう。これは仮定せずともすでに知られており、実際に測定もされています。身体じゅうに磁場や電流があることがわかっています。粗いものほど測定は簡単で、東洋医学の経絡《けいらく》も測定が可能です。ただ、そうして観測されたエネルギーの変動は単に肉体の内部から起きていると考える人が多いのです。でも、本当に内部からだけなのでしょうか？　測定が困難なほど微弱なエネルギーがあるのではないでしょうか？　肉体が発する磁場の他にもフィールドがあるのではないでしょうか？　そうした微弱なエネルギーが、肉体の誕生前に発生していたら、どうでしょうか？

長い歴史の中で、多くの文化がエネルギー体の存在を言葉や概念で表現しています。肉体の誕生前や死後のエネルギー体についても同様です。それを測ろうともしないで否定するのも、おかしなことでしょう。

ニュートンが引力の法則に気づいたのは、木から林檎が落ちるのを見たからです。彼は好奇心を抱きました。私もそれと同じです。いろいろなものが見え始めたので好奇心を抱き、その現象を探すようになりました。探すほど見えるものが増え、さらに念入りに見るようになりました。これについては『光の手』に書いたとおりです。私は自然の中で――木々や動植物など――あらゆるものからエネルギーの場を感じ取り、それを生命のエネルギーフィールド（人間の場合はヒューマンエネルギーフィールドまたは生体エネルギーフィールド）と呼んでいます。長年それを見てきた私は、それが自然界にあって当然と思うようになりました。それは自然界の一部――そして、とても重要な部分――を占めています。おそらく今世紀には、現代生活の常識として溶け込む日が来るでしょう。すでに何世紀もの間、世界じゅうの先住民族たちが広く知っていたことですから。人間は好奇心からさまざまなことを解明してきました。いずれ測定器も開発されるでしょう。

本書をお読みいただき、好奇心を抱いていただけたら幸いです。

好奇心

好奇心は観察につながり
探求につながり
発見につながり
理解につながり
活用につながり
人生をよりよいものにします!

私も好奇心から観察を始めました。多くの疑問について考え、暇さえあればエネルギー意識について探求しました。一つ答えを得るたびに、また一歩、未知の世界へと踏み出しました。一つ答えを得るたびに、既成概念を激しく揺さぶる難問に遭いました。生命のエネルギーフィールドは存在するか? 私たちの生活や健康状態、生き方や死と関係があるか? 関係があるとすれば、どのように? 肉体を超越したところに生命は存在するか? 物質界を超えたところに生命はあるか? それは私たちの生命か? 天国を現代的な視点で捉えると、それは何? 地獄とは? それらを昔の宗教的な考え方でなく、もっと現代の宇宙観にふさわしい考え方で説明できるか? 現代の生き方に合う説明は? それはどのように健康や幸福感を高め、望みどおりの生き方に導いてくれるでしょうか? あなたにとって有意義なものは何でしょうか? あなたにとって人生とは何でしょうか? どんな人生を送りたいですか? 本書はあなたのエネルギーフィールドを理解して活かし、理想の生き方(と健康)を再創造するための本です。あなたの生命のエネルギーフィールドとは、つまり、あなたそのものなのです！

第一部　ブロックの癒しと創造エネルギーの解放

「時が熟せば変化は自然に起こります。
それは内側から広がって、人生の目的に沿った再創造をもっと自由にしてくれます」
――バーバラ・ブレナン

第1章　私たちの生体エネルギー意識体系

愛は生命の前に存在する。
精神や肉体が形になって
初めて呼吸をする前に
愛が生命の呼吸をする。

愛は光の前にある。
きみの存在の礎《いしずえ》は無、
つまり、何もないことだ。

愛は創造の力として、無から生まれ出る。
——ヘヨアン

コアライトヒーリングの本題に入る前に、生体エネルギー意識体系（Human Energy Consciousness System: ＨＥＣＳ）の仕組みと働きに触れておきましょう。詳細は前著『光の手』と『癒しの光』に書かれています。ここでは簡単におさらいをし、さらに新しい情報をご紹介します。

三次元の物質界を超えて

それは私がウィスコンシン州の農場で育った頃から始まりました。あの頃すでに物質界を超えたリアリティを体験していたのだとは何年も気づきませんでした。誰もが慣れている三次元の物質界を超えた領域に自分が入っていたことに自覚がなかったのです。ただ、そこは農場でしたから、生命のサイクルはたいへん身近に感じていました。季節がめぐれば種をまき、春に動物の仔が生まれ、秋に実りの収穫をする。自然界には終わりなき生命のサイクルがあるようです。その一つひとつがユニークで、なくてはならないものとして関わり合っているようです。

私は林で目を閉じて歩き、木にぶつかる前に木を「見る」か「感じる」かを試してみました。おかしなことに、私はいつも、木からずいぶん離れたところで木を感じたのでした。だめだ、全然できないな、と思いました。木にぶつかるのが怖くて早く目を開けてしまうのだろう、と。しかし、何度やっても、木は実物よりずっと大きく、近くに感じられるのです。どういうわけかはわかりませんでしたが、私はあきらめずにくり返しました。

夏に目を閉じて木々に向かうと、それは大きな緑色の光に包まれているように見えました。秋になると、その包みは赤になりました。秋から冬の動きは活発で、緑色は内側に引き込まれ、キラキラと輝く霧のような雲を放ちます。そうして真冬になると、木は、かすかにきらめく透明なものに静かに包まれるのでした。それはひと粒の水滴を覗き込むようです。本来、水は空気より密度が高いため、ものが拡大して見えますが、その性質を差し引いたような見え方です。

春になると木を包むものは再び活発になり、空中からまばゆい光線を引き込みます。冬の透き通ったきらめく包みは、その内側深くから緑色の光を放ちます。無色の静かな冬のたたずまいから勢いのよい春の緑に変わります。

私は目を開けていてもそれが見えるようになり、みんなにも同じものが見えていると思っていました。私にとってはそれが当たり前だったのです。木が喜んでいるか悲しんでいるかもわかりました（子どもなりに、ですが)。喉が渇いているか、お腹が空いているか、病気なのか元気なのかも感じ取りました。
季節と共に風向きが変わり、何が運ばれてくるかもわかりました。私は林の中にそっと座り、何匹の小動物が近くを通るか試しました。動物たちを友だちだと思って心の中で語りかけました。特に好きだったのはヒキガエルやカメです。私はカエルをつまみ上げ、鼻の上にずっと乗せておく技を編み出しました。じっとカエルと見つめ合うのがコツなのです。「あなたがあなたでいるのはどんな感じ?」と心の中で深く問いかけましたが、もちろん返事はありません。カエルはただカエルでしたから。

私を取り巻く自然は常に変わり、発展し、新たにまとまり直していました。その移り変わりをじっと見ていると、変化にはリズムがあり、自然に起きているようでした。いつも最初に光が動き、周囲や内部のエネルギーが変わり、それから物質的な現象が起きるのです。もちろん、当時の私は光やエネルギーのことなどわかりません。切り離されたものなど何もない、生命の自然な流れをただ感じていました。このサイクルはいたるところにありました。内側にも、周囲にも、何かと何かの間にも、すべてのものが関わり合い、めぐっていました。

このようにして大人になると、エネルギー意識の現象は必ず、物質的な現象の前に起きることに気づきました。これはすごい! たぶん、エネルギーの流れが形を作るのかもしれない。でも、どうやって? 自然のエネルギーには暗号か知能のような、未知の意識のようなものがあるのだろうか——そうだとしたら、私が観察してきたエネルギーフィールドには何らかの意識があるはずです。そう考えるとさらに多くの疑問が生まれました。なぜ科学者たちはこの生命の密なつながりを研究しないのでしょうか? 解剖学や生理学など世界の仕組みを解き明かす研究に意識が含まれていないことが多いのはなぜでしょうか? 分けて考える習慣が暗黙のうちに続いているのはなぜでしょうか?[1]

説明が不可能に思える現象を何年も見るうちに、エネルギーフィールドは生命の一部のようだと気づきました。エネルギー意識での体験は物質界での生命活動とぴったり合わない部分もあるようです。エネルギー意識の世界で自然に働いている物理は物質界での物理とは異なるのかもしれません。それは物質的なリアリティを超えた生命でありながら、また同時に、物質界と密接につながっているのかもしれません。

こうした体験から得る叡智《えいち》は二十一世紀を生きる上で素晴らしい指針になるでしょう。私たちは物理的に、心理的に、また精神的に自己を認識するところからエネルギー意識へと気づきを広げ、それが世界をいかに創造し、影響を与えるかを学び始めているところです。この動きはいまだ知られていない「アライブネス（生きていること）」の体験へといざなってくれるでしょう。そのためには「物事のあり方」についての思い込みの大部分を手放す必要があります。

生体エネルギー意識体系（ＨＥＣＳ）

私が四十年間見てきた現象と体験をもとに培ったシステムを生体エネルギー意識体系（Human Energy Consciousness System）、略してＨＥＣＳと呼んでいます。この章では生体エネルギーフィールド（Human Energy Field）、略してＨＥＦにも触れておきます。長年ＨＥＦを見てきた結果、フィールドを作るエネルギーとは意識だということが明らかになってきました。これは非常に大事なことですから、本書では生体エネルギー意識体系という用語の中の意識という言葉によって、エネルギーとは意識だということをくり返し思い出していただけるようにしています。

次に、ＨＥＣＳにおいて創造のプロセスがどう働き、なぜ大切かをお話しし、人生を望みどおりにすこやかに生きることとの関係を説明します。創造のプロセスの活かし方を学ぶことの大切さは強調してもしきれません。望みどおりの生き方をしながら目的を果たすには、創造の仕組みを理解して整えることが鍵となります。エネルギー意識が物質界での現実に及ぼす影響がわかれば新たなあり方や行動ができ、内に秘めた創造力を大きく解き放てます。

この章でHECSについて振り返った後、HECSとHEFについてさらに詳しく述べていきます。HECSの四つの次元とHEFのいろいろなレベルにおいて、エネルギー意識のリアリティがどのように働いているかを理解してほしいと思います。

生体エネルギー意識体系（HECS）の構造はシンプルで、四つの次元に大別できます。その四つとはコアスター、ハラ（腹）、生体エネルギーフィールド（HEF）、肉体です。私は存在を四つの「次元」で見ています。次元と呼んでいるのは他によい名称がないからです。それぞれの次元には明確な違いがあり、みな独自の働き方をします。

コアスター

私たちの存在の最も深い次元はコアスターがあるコア次元です。自然で崇高な、私たちの生命の源です。私たちの中にある生命の根源です。コアスターの中心と、そこから無限に拡張する外周を、私は「黒いベルベットの虚空」と呼んでいます（図1－1）。黒いベルベットの虚空はまだ出現していない生命に満ちています。想像もつかないパワーにあふれています。この源からすべてが出現します。この混

1　時が来れば科学が自然界の生命エネルギー意識のフィールドを観測するようになるでしょう。その時が来るまで、私は自分の超感覚的知覚を使い、生命のエネルギーフィールドとその役割についての情報を集めます。

然とした生命は私たちの中にあり、また、外側をもあまねく取り巻いています。一般的に生命と広く呼ばれるものの基礎であり、四つの次元やすべてのレベルの基礎でもあります。私が超感覚的知覚で見ると、絶えず運動しながら静止しています。まだ出現していないにもかかわらず、存在のどの次元よりも生命を感じます。

私の視点から見ると、混然とした生命に満ちた黒いベルベットの虚空は量子力学でいうゼロポイントフィールドと関係があるようです。どちらもすべてが出現する根源ですから、両者は一つであり、同じだと私は考えています。私がスピリチュアルな体験から理解したことが、量子力学の観点からも理解されたということでしょう。個人のスピリチュアルなレベルからは生き方や願望や気づきを得るために。また、物理学の観点からは物質界の理解のために。そしてエネルギーの問題を解決する機器を開発すればHECSを測定して癒すこともでき、他の惑星へも物理的に移動できるようになるでしょう。

深く瞑想《めいそう》すればコアスターの中の黒いベルベットの虚空を感じることができます。無限の生命をじかに体験するのは素晴らしい感覚です。それは私たちの中にある源であり、肉体のすべての細胞の中にもあります。そこから生命エネルギー意識体系ができ、肉体ができ、私たちの生命が作られます。黒いベルベットの虚空には世界じゅうの賢人が説く「無」の特質が揃っているように思えます。私が言う生体エネルギー意識体系には生命の出現も物質も、そして物質を超越した領域も含みます。そして、また、思考も自我もない「無」の意識も含みます。でも、ご注意ください！　思考や自我がなくても、生や意識の体験がないわけではありません。

この「何もない状態」の中心から光が創造されます。無から創造の先端が現れ、光となって出現するのです。コアスターライトは無から最初に現れて個になる光です。全方向に輝く明るい光の点のように見えます。

それは純粋な光ですが、普通に目にするような色つきの光でできているとは限りません（図1－2）。この光は地球で生きる個体によってさまざまです。何千年もの年月で転生をくり返して磨かれた集大成です。ここから放たれるエッセンスは一人ひとりユニークです。それまでに吸収して消化をし、習得した高次の原理を蒸留したエッセンスなのです。それはすべての次元を超越していながらホログラフィックでもあり、肉体のすべての細胞の中心にも細胞核にもＤＮＡにも表れます。生命を吹き出すコアスターはブラックホールとは正反対です。

黒いベルベットの虚空とコアエッセンスについて、ヘヨアンはこう言っています。

生命の中で
コアエッセンスの虚空と
それ以外のものとは分かれていない。
深くて空っぽの虚空から
生命の力が湧き上がり
出現する。

深くて黒いベルベットの虚空は
一つひとつの細胞の中心にあり
一つひとつの細胞核の中にあり
ＤＮＡの中にあり
その周辺では絶え間なく

コアエッセンスの超新星爆発が起きている。

ハラ（腹）

次に私たちの存在にある次元はハラ次元です。コアスター次元はハラの基礎です。ハラ次元は私たちの意図や目的です。生まれてくる目的と意図を明らかにし、成功させる上で大きな役割を担います。また、一瞬ごとの意図のあり方も担います。これについては後の章で述べましょう。

ハラは身体の垂直の中心線を貫く光のチューブでできています。両腕と両脚にも同じようなチューブがあります。ハラはＨＥＦの基盤として（次の項で説明します）身体の中央に並ぶ七つのチャクラにつながり、また、両腕や両手、両脚や両足の小さなチャクラともつながっています（図１－３）。

健康的なハラは頭上の約一メートル強ほどのところから地の深くまでしっかりと下りています。ハラの頭上の先端は小さな漏斗《ろうと》のようになっており、ここから神の領域へ向かって他の次元へと入ります。前著『光の手』と『癒しの光』でも述べていますが、この頭上のポイントがハララインの起点です。これをＩＤポイント（individuation point：個性化のポイント）と呼んでいます。コアスター次元から肉体として誕生する時に最初に出現し、神と直結するポイントでもあります。

胸の中央の骨（胸骨）の上部にはソウルシート（soul seat：魂の座）と呼ばれるポイントがあります。ピンクやラベンダー、白色などのやわらかな光が脈打つように輝いています。この光は魂が現世で成し遂げたいと強く願う「ロンギング」の光です。この願いは生涯を通して私たちを導きます。

ハラのパワーの中心は丹田《たんでん》と呼ばれます。丹田は空洞の球体のように見えます。位置は身長によりますが、だいたい、おへそから五～七センチほど下にあります（図１－４）。丹田が健全な時は意図のエネルギーをしっかりと維持できます。丹田のエネルギーの容量は非常に大きく、瞑想やエクササイズで強化できます。ヒーリングの上級者はハラのチューブのエネルギーの流れを調整し、丹田から手の小さなチャクラへとエネルギーを流します。武道家も丹田を鍛えて力を発揮します（下巻巻末の「付録」参照）。クリアーな意図の力です。

そうした力について、ヘヨアンは次のように言っていました。

丹田は一つの響きを保ち
母なる大地から
肉体を引き出し
出現させる。

すこやかなハラは丹田から下向きに、地球の中心まで深く下りています。地に足がついた状態で、現世でなすべきことに向かえます。

生体エネルギーフィールド（HEF）

ハラ次元はHEFの基礎であり、HEFが出現する前に存在します。HEFをオーラ（オーリック・フィールド）またはエネルギー体という名称で呼ぶこともありますが、どれも同じです。

HEFの基本構成：HEFはエネルギーの「周波数帯域」に従い、いろいろなレベル（階層）で構成されています。第一から第七までのレベルが最も身近です。ここでは取り上げない、さらに上のレベルも存在します。私たちの生命プロセスではここに挙げる七つの帯域が具体的な機能を担っています。HEFは玉ねぎのように層が分かれているのではありません。すべてのレベルが重なり合い、肉体から伸びています。上のレベルにいくほど周波数帯域は高くなり、肉体との距離が離れます。各レベルが健康で、そのレベルにふさわしい状態であることが大切です。なぜならHEFは私たち自身であり、HEFを通して人生を体験し、生命の多くの側面を作るからです。

本書では創造のプロセスに影響を与えるHEFをいくつかの切り口で見ていきます。一つの切り口としてHEFを七つのレベルに注目して見ると、第一レベルから第三レベルは三次元のリアリティに対応します。第四レベルは物質界と非物質界との架け橋で、思考と感情に強く影響されます。第五レベルから第七レベルはスピリチュアルな世界です。

また別の切り口では、HEFのレベルを理性と意志と感情の三つと関連づけて論じることができます。HEF次元では時間が過去から未来へ直線的に流れておらず、物事をエネルギー意識で体験する性質があります。HEFの「次元」において、エネルギー意識は理性や意志や感情として体験されるのです。

以後、この本では「エモーション」と「フィーリング」という言葉を同じような意味合いで使っていきますが、文脈によっては意味を区別する時もあります。理性と意志と感情の話題は第3章で出てきますが、この三つの中で偏りがあるとHECSにある程度の歪みが生まれます。たとえば、あなたは物事を論理的に理解することを優先しがちか（理性）、気持ちを大事にしようとするか（感情）、やり遂げることを優先しようとするか（意志）。フィールドの非構造体レベルやチャクラの話で感情を広く指す時に「フィーリング」という言葉が出てきます。たとえば「第二レベルと第二チャクラはフィーリングに関係します」というように。理性と意志と感情のバランスが偏っていると、理性（第三レベルと第七レベル）、意志（第一レベルと第五レベル）、感情（第二、第四、第六レベル）のフィールドに表れます。

それとは別に、人間関係について論じる時はエモーションとフィーリングを区別しています。過去の状況に反応して生体エネルギー意識体系に歪みを起こすものをエモーション、現在の状況に対する反応をフィーリングとしています。

私のガイドであるヘヨアンによると、理性と意志と感情の三つの調和は次のようなワークの一部だそうです。

神聖なる癒しの道は
らせんを描いてコアエッセンスに向かう。

それは自分のかけらを集める旅だ。
時空に散らばった多くのかけらを
きみの中の神聖な今に集め、
完全にする旅だ。

また別の切り口では、HEFを構造の有無で見分けます。HEFには構造体（奇数レベル）と非構造体（偶数レベル）が交互に存在しています。

HEFの構造体レベル：第一、第三、第五、第七レベルは光のラインでできた構造があり、ラインの中を明るい粒子が流れています。第一レベルのラインはブルー。個人の意志のエネルギー意識です。肉体の構造も形成しています。第三レベルのラインは黄色。物質界での理性のエネルギー意識です。第五レベルは私たちの神聖な意志であり、第一レベルのテンプレート（鋳型）です。写真のネガのように光と空白の部分が反転しており、ラインがあるべき部分は空白で、空白であるべき部分は半透明のダークブルーです。第七レベルのラインはまばゆい金色で、高次の神聖な精神を表します。

光のラインは身体のいたるところを囲んでいます。手足や内臓、細胞や細胞の内部など、すべてのパーツのアウトラインを作っています（三次元において）。つまり、フィールドの構造体レベルは肉体の外側も内側も、どの部分も三次元で見ることが可能です。各フィールドを線状の構造で見るわけです（第一レベルはブルー、第三レベルはイエロー、第七レベルはゴールド）。第一レベルを見れば青い光の線でできた立体構造が見えます。臓器も青い線で形成されているのが見え、線の中を光の「粒子」が流れています。

高度なヒーリングではこれらの構造を理解し、知覚することが重要です。フィールドのラインには病気の症状が表れるよりもずっと前に損傷が起きています。ケガの場合はラインの損傷が比較的簡単に知覚できるでしょう。ブレナンヒーリングサイエンスではラインの損傷やほつれやねじれを修復して再構築する技術を用い、ケガや病気の回復を促進します。プラクティショナーの施術をクライアントがどの程度受け取り、どれぐらい維持できるかは多くの要因に左右されます。クライアントの肉体とＨＥＦの健康状態やＨＥＦが受け取れるエネルギーの量、変化を受け入れる準備の度合い、クライアント自身のセルフケア、ヒーラーの能力などで変わります。一概には言えませんが、再構築にはたいてい数回のセッションが必要です。クライアントは再構築のたびに量子飛躍をするように回復の過程を躍進します。医療と併用するとたいへん効果的な、ヒーリングの上級テクニックです。

ＨＥＦの非構造体レベル：単色の光のラインでできた構造体にサンドウィッチ状にはさまれているのが、感情のレベルである非構造体レベルです。感情のバイオプラズマでできていると考えてよいでしょう。第二レベルは色つきの光の雲のようであり、自分自身に対する感情を示します。第四レベルは雲よりも密度が高く、濃い色で、固まる前のゼラチンのような液状です。これは他者に対する感情を運ぶバイオプラズマです。これが人と人との間でどう働くかは『癒しの光』に詳しく書きました。第六レベルは私たちの身体から全方向に放たれる、美しくて不定形のやわらかなビームで、高次の神聖なフィーリングのバイオプラズマです（各レベルの色は図1‐5から1‐12を参照してください。七つのレベルの全体像は図1‐13で示しています）。

七つのチャクラ：HEFにはチャクラと呼ばれるエネルギーの中心があります。ヒンドゥー文化では開いた花弁のような絵で描かれますが、チャクラとは車輪という意味です。健康的なチャクラは時計回りに渦を巻く円錐のように私には見えます。時計回りの回転によってエネルギー意識（バイオプラズマ）がHEFに引き込まれます。チャクラはHEFの各レベルに存在し、そのレベルのタイプと同じエネルギー意識でできています。箇条書きにしてみましょう。

1. 第一レベルでのチャクラはブルーの光のラインでできており、ラインの中には光の粒子が流れています。第一レベルのフィールド全体と同じです。
2. 第二レベルでのチャクラは色つきの雲のような光です。構造体のラインを流れるエネルギーの粒子と同じ向きに回転しています。
3. 第三レベルでのチャクラはイエローの細い光のラインでできています。第一レベルよりもきめ細かです。
4. 第四レベルでのチャクラはさまざまな色のバイオプラズマでできています。第二レベルよりも濃く、重みがあります。
5. 第五レベルでのチャクラは写真のネガのように見えます。第一レベルの青写真のようなものです。

6. 第六レベルでのチャクラはカラフルに輝いています。玉虫色あるいは虹色の美しい光を放っています。

7. 第七レベルでのチャクラはまばゆい金色の光のラインでできています。第七レベルのフィールド全体と同じです。

このように、チャクラの色はHEFのレベルに従って変わります。

構造体レベルでチャクラが取り込むエネルギー意識はラインに沿って全身に送られます。非構造体レベルが取り込むものも構造体レベルのラインに沿って流れますが、バイオプラズマのような流れ方をします。チャクラが取り入れたエネルギー意識は手足や臓器、細胞へと送られます。HEFのすべてのレベルでエネルギー意識が取り込まれ、肉体のあらゆる部分で受け取られるのです。HEFと肉体はバイオエネルギー意識と生命体としての肉体のシステムとして、共に複雑にからみ合って機能しています。あるいは、思考や意志や感情に反応して動く繊細な電気系統と考えてもよいでしょう。

チャクラには三つの主要な機能があります。

1. 私たちの周囲の環境バイオプラズマフィールドである宇宙エネルギーフィールド（Universal Energy Field: UEF）からエネルギー意識を取り込む。

2. 物質界の基準を超越したHEFの知覚（超感覚的知覚）の器官として働く。物質界を超越したリアリティへの出入り口となり、ひらめきや虫の知らせ、とっさの判断、出来事を予知する勘などをもたらす。

3. HEFの各レベルを統制する（第一チャクラには第一レベルのベース音の響き、第二チャクラは第ニレベルのベース音の響き、など)。フィールドを再構築する際に必要な、各レベルを正確に感じ分けるHSPの能力に役立つ。

図1–14(チャクラを横から見た図)は七つの主要なチャクラとエネルギーの垂直流(Vertical Power Current:以下「VPC」)を示しています。VPCは脊椎に沿って垂直に流れるエネルギーのメインの流れであり、七つのチャクラの先端が埋まっています。ハラのメインのチューブもこの垂直の流れの中にあります。

VPCは美しくからみ合う、輝く光のロープのように見えます。脈動しながら身体の中心をらせん状に上下します。

第一チャクラは両脚の間にあり、先端は仙骨と尾てい骨のつなぎ目に接合しています。

第二チャクラは身体の前面の恥骨の上のエリアと背面の仙骨のエリアから入ります。チャクラの先端は仙骨の中央にあります。

第三チャクラは腹部の太陽神経叢と、背面の横隔膜の結合部から入ります。先端は脊椎の間際まで深く下りています。

第四チャクラはハート(心臓)の前面と背面から入ります。ただし、肉体の臓器の心臓のように左寄りではありません。

第五チャクラは喉の前と後ろにあります。

第六チャクラは額と、そのちょうど裏側の後頭部にあります。先端は第三脳室にあるのが望ましいです。

第七チャクラ(クラウンチャクラ)は頭頂部に座しています。第三脳室にある第六チャクラの先端に合流しているのが理想的です。

どのチャクラも円錐の中に複数の渦が巻いており、それらがきれいに収まっているのが理想的です。渦の数は第一チャクラでは四つ、クラウンチャクラでは千近くにのぼると言われています。頭に近いチャクラほど渦は小さく分かれ、数えるのが難しくなります。古代では「花弁」の数として諸説あります。ヒンドゥー文化で伝わる数を図1－15に示しておきましょう。

チャクラは二つずつがペアになっています。第七チャクラは第一チャクラとペアであり、第二チャクラから第六チャクラまでは身体の前面と背面にあるものがペアになっています。中の渦も前のチャクラと後ろのチャクラが対になっています。ヒーリングでチャクラの再構築をする時はレベルごとに修復をしていきますが、チャクラや渦の損傷はペアのもう片方にも影響しますから、とても重要です。チャクラの渦はレベルごとに異なる周波数でエネルギー意識を代謝しています。取り入れられたエネルギー意識は身体の部位や内臓、細胞へと運ばれ、健康的な機能のために働きます。

チャクラとHECSバイオプラズマの代謝とHSP：チャクラはエネルギーフィールド内のバイオプラズマを代謝します。エネルギーがチャージされているため、宇宙エネルギーフィールドと呼ばれる周囲のバイオフィールドからエナジェティック・バイオプラズマとも呼ぶエネルギー意識を引き寄せます。また、円錐形のチャクラは竜巻のような回転でバイオプラズマ／エネルギー意識を引き込みます。これによって生体エネルギーフィールドは滋養を得ると同時に周囲の宇宙エネルギーフィールドの情報も取り込みます。

チャクラは超感覚的知覚の中枢でもあります。適切に機能していれば、通常の範囲を超えた領域が知覚できます。感覚の範囲が大きく広がるのです。これをいかに実践するかについては第6章で詳しくお話しします。

チャクラ	中にある渦の数
7—頭頂部	972　バイオレット—白
6—頭	96　インディゴ
5—喉	16　ブルー
4—ハート（心臓）	12　グリーン
3—太陽神経叢	10　イエロー
2—仙骨	6　オレンジ
1—底部	4　レッド

図1－15　主要なチャクラの渦の数

これらの機能は極めて重要であるため、私たちの生命プロセスにおいてチャクラは大きな役割を担っています。チャクラの歪みはＨＥＦの他の部分の歪みよりも大きな影響をもたらします。第3章でチャクラの歪みの種類を紹介し、第三チャクラを例に挙げて説明します。

バイオプラズマについても少し説明しておきましょう。私たちを形づくる物質には四つの状態――固体、液体、気体、プラズマ――があります。プラズマとはエネルギーを帯びた粒子あるいはイオンの集まりです（宇宙の星間空間はプラズマで満ちています）。粒子は荷電しているため、電磁場に影響を受けます。人間のＨＥＦやハラやコアスターも、私にはバイオプラズマの集合体に見えます。

ＨＥＦのバイオプラズマは私たちの意識と直接的に関係します。バイオプラズマはエネルギー意識を含んでいます。たいていの人はそれに気づかず、知覚もできません。知覚ができる人は「なんとなく知っている」とか「何かをしないといけない感じがする」といった「直感」や「感じ」として表現しているでしょう。その場を離れてどこかへ行くべきだと感じたり「今すぐ家に帰らなきゃ」と感じたりする勘のようなものです。

肉体には血液プラズマなど、他の種類のプラズマもあります。間質液もプラズマと称される時がありますが、ここではＨＥＦのバイオプラズマについて論じています。

肉体

存在の四つの次元の最後は肉体です。ＨＥＦが基盤となってパターンを展開します。ＨＥＦは肉体よりも先に出現するテンプレートのようなものです。そして、ＨＥＦの中に肉体が収まります。先の三つの次元あってこその肉体であり、発生から成長、形状や健康状態も先の三つの次元に完全に頼っています。

肉体以外の三つの次元は肉体の内部にも全体にも存在します。これらなしには肉体は存在できません。物質界で生きるものはみなそうです。一つひとつの細胞にも、その内部のすべてのものにも、コアスターとハラがあります。みな生命の目的をもっています。

ＨＥＣＳの四つの次元については図１‐16を参照してください。

第１章の復習　ＨＥＦとＨＥＣＳを知覚するエクササイズ

1. ＨＥＦのレベルを感じてみましょう。普段、身体を活発に動かしている人は肉体に近いレベルを最初に感じやすいでしょう。感情が豊かな人は第二レベルを感じてみてください。愛を最も大切にする人は第四レベルから。神の意志に忠実な人は第五レベルから始めてもよいですが、これは最も知覚が難しいレベルかもしれません。よく瞑想をする人は第六レベルか第七レベルを感じやすいでしょう。祝福やスピリチュアルな歓びにフォーカスした瞑想をするなら、まず第六レベルに意識を向けてみましょう。静寂や神聖なマインドにフォーカスした瞑想をするなら、まず第七レベルを試してみてください。この章の内容を参考に、感じること、見ること、聞くこと、知ることを通し、フィールドのレベルを選んで知覚してみましょう。
2. ＨＥＦの各レベルとあなたの体験とを結びつけられますか？　これはＨＥＦのレベルで自分自身を認識することにつながります。
3. ＨＥＣＳの四つの次元を感じてみましょう。最も感じやすい次元と最も感じにくい次元はどれでしょうか。練習しましょう。

第2章　生体エネルギー意識体系を通した創造のプロセス

人類が得たギフトは共同創造と、
自由意志と、
肉体と、
意図やコアエッセンスを含む
エネルギー意識体系だ。
意識をもって共同創造者になるツールが揃っている。

——ヘヨアン

生体エネルギー意識体系（ＨＥＣＳ）と生命の創造のパルス（脈動）

（注：この章では「創造のプロセス」と「創造のパルス」は同じ意味合いで使います。）ヘヨアンは私に存在の四つの次元を教えてくれてから、それらを通した創造のプロセスについてのチャネリングへと進みました。私はてっきり、望みを叶えるための視覚化、つまり願望実現の過程の話だろうと思っていました。しかし、情報はそれを凌駕《りょうが》するものでした。

肉体を得て生まれる過程も創造だとヘヨアンは言いました。自分だけでなく周囲の人々にも、さらなる創造の可能性を開くのだ、と。肉体として生まれると、私たちは自分についてたくさん学ぶからです。この出生の創造のプロセスは出生よりもずっと前、受胎よりもはるかに前に始まるそうです。

へヨアンによると、創造のプロセスはコアスターの奥深くで始まります。力強くて混沌とした、まだ出現していない生命がうごめく黒いベルベットの虚空です。創造のプロセスは、創造への希求（ロンギング）が黒いベルベットの虚空に流れ込んで一体となった時に発動します。

創造者の意図と希求がぴたりと合い、クリアーな意図が立てられた時のみ創造は成功します。

この世に生まれて得る恩恵は、創造ができるということです。誰もが創造への希求をもって生まれてきます。一人ひとりの望みはユニークで具体的です。それこそが生まれてきた目的であり、理由です。それに従って創造する時、私たちの神聖なエッセンスは豊かに広がり、コアライトの中で輝きます。創造を重ねるたびにその輝きは増していきます。

コアから湧き上がった創造のプロセスはハララインへと上昇し、創造への意図に変容します。目的と呼んでもいいでしょう。これがハラで維持されて、さらに生体エネルギーフィールド（ＨＥＦ）の次元へ流れ――理性と意志、感情として表れます。それらを用いて物質界での創造をおこなうのです。

ＨＥＣＳの次元を相互の関係から見てみると

第1章で述べたように、ＨＥＣＳは一つの要素を基礎にして次の要素が成り立っているかのように見えます。一つひとつが何かから出現し、それがあってこそ存在しているように見えるのです。生命がうごめく無の黒いベルベットの虚空は徐々に光になります。この光は私たちの起源であるコアスターであり、ハラの基盤となってハラに影響を与えます。ハラはＨＥＦの基盤となってＨＥＦに影響し、ＨＥＦは肉体の基盤として影響を与えます。直接的なつながりはないものの、互いに別の次元で影響を与えているようです。深い根源から次の次元が湧き上がっているように見えます。物質を直接流したり移動させたりするというよりは、次の次元に影響を与えて変容させるのです。次元から次元へと上昇しながら、生命の創造のパルスは影響を与え、大きな変換をもたらします。

では、この変換が実際に何を意味するかをご説明しましょう。

HEFを通して現れる創造のプロセスの概要

コアスターは個性化された神聖なエッセンスでできています。コアスターのエッセンスがハラに上昇すると、ハラ次元で意図に変容します。こうしてエッセンスが意図になるのです。意図はHEFの各レベルで変換されて、理性と意志と感情のエネルギー意識として表現されます。HEFのエネルギー意識は物質界へと上昇し、生きている肉体に変換されます。このようにして、私たちは四つの「次元」で成り立っています。

コアスターとハラ次元から現れる創造のプロセス

創造のプロセスはコアで始まります。創造のエネルギーは黒いベルベットの虚空から湧き上がります。コアエッセンスがコアスターを通り、創造のエネルギーが個性化されます。それはハラ次元へと湧き上がり、自分が望むものを創造しようとする意図になります。ハララインが整っていれば、意図はすんなりと自然になるでしょう。そういった時には創造の流れに抵抗がありません。整ったハララインを図2－1に示しています。ハラ次元に入った創造のエネルギーは魂の座（ソウルシート）に宿る偉大な希求（ロンギング）を発動させます。これを偉大なるこだわりと呼ぶ人もいるでしょう。あなたには、それが何かがまだはっきりとしていないかもしれません。あなたが心から望むものは何ですか？　どんな人生を生きたいですか？　「そんなことをしてはいけない」という思い込みは捨て、空想だけでもしてみましょう。その空想を少し発展させてみてください。そうなったらいいな、という気持ちをただ感じてみてください。それが創造の始まりです。そのためにあなたは生まれてきたのです。それを感じて、見て、細部まで知る練習をしたら、なりゆきにゆだねましょう。なりゆきにまかせ、自分でも驚くようなものに育てましょう。希求についてヘヨアンはこう言っています。

きみはあらゆる望みの共同創造者。
自分の望みを知るだけで、
創造がすでに始まっていることが
はっきりとわかるだろう。

きみの素晴らしい望みはどれも
本当は、少し前から
創造を始めていたもので、
実現に向かって進んでいるところ。
きみはそれらの創造者。

丹田にあるパワフルな創造の力を感じてください。ハララインの地に向かう方向には母なる大地の女神、天に向かう方向には父なる神の存在があります。その両極とつながってください。

ハラがすこやかで、これまでに述べたものがみなバランスがとれていれば、創造のエネルギーは全方向にバランスよく流れます。ハラ次元からHEF次元を通り、物質界での実現へと向かえます。

HEFを流れる創造のパルス

ハラ次元へと湧き上がった創造のエネルギーはHEF次元へと流れます。ハラとHEFを図2-1で見ていただくと、ハラのメインのチューブはHEFの中心にあるエネルギーの垂直の流れ（VPC）の中にあります。HEFでは最も上のレベルから顕在化が始まり、下のレベルへ滝のように流れて物質界での実現へと向かいます。

創造のエネルギーはHEFを流れていきながら、各レベルの性質――理性と意志と感情――と、そのレベルにおいての私たちの発達状態を表します。理性のレベルでは理解や明確さ。意志のレベルでは神聖な意志に自分の意志を合わせる力。非構造体の感情レベルではどんな状況でも愛を選ぶことができるか、といったことが表れます。

それが意識できるようになるには、創造のパルスが脈動するに従って、各レベルを知覚することが必要です。では、HEFの各レベルのパルスについてご説明しましょう。

HEFの第七レベルで感じる創造のパルス

HEFの第七レベルは高次の神聖な精神を顕在化させ、機能させます。創造のパルスの脈動を神聖な叡智の感覚として体験します。創造は崇高なひらめきであると感じるでしょう。

HEFの第六レベルで感じる創造のパルス

第六レベルでは神聖なものへの感情が表れます。このレベルでは創造のエネルギーをとても強く感じるため、何があろうと創造は素晴らしいものになるだろうと感じます。第六レベルから伝わる創造のエネルギーは信頼の感覚です。多くの人が崇高なエクスタシーや恍惚感を体験します。

HEFの第五レベルで感じる創造のパルス

第五レベルの創造のエネルギーは自由意志であり、神聖な意志を理解して従う力が表れます。第五レベルが意識できれば、自分の創造が展開するにつれて神の采配が完璧なパターンをなしていることに気づきます。

HEFの第四レベルで感じる創造のパルス

第四レベルの創造のパルスは他者への愛のフィーリングです。関係において人を愛する能力の発達状態が表れます。第四レベルが意識できれば、自分の創造のプロセスの支えになる、愛のある人間関係を体験します。

第四レベルは肉体が出現する前の段階にあります。第一レベルと第二レベルと第三レベルは三次元のリアリティにあります。第四レベルは他者とのあらゆる相互作用が起きる、関係性のレベルです。また、物質界のリアリティよりも前に存在しますから、見えるものと見えないものの両方がリアリティとして存在します。物質界での人との関係も、このリアリティにおけるものとの関係も、あなたの創造のプロセスに非常に大きな影響を与えます。第四レベルのリアリティについては第二部で詳しく述べていきます。

HEFの第三レベルで感じる創造のパルス

第三レベルの創造のパルスは思考と精神面での理解です。自分の精神の発達状態が表れます。第三レベルが意識できれば、創造を物質的に実現させるのに必要な考えが浮かぶでしょう。

HEFの第二レベルで感じる創造のパルス

第二レベルでの創造のパルスは自分に対する感情であり、自分を愛する力の発達状態が表れます。すこやかに生きるためには自分への愛に気づいて認め、理解して培うことが必要です。HEFの第二レベルを感じれば創造の喜びを実感し、自分に対してやさしく愛する見方ができるでしょう。

HEFの第一レベルで感じる創造のパルス

第一レベルに伝わる創造のパルスは身体の感覚や刺激であり、現世で生きようとする意志が表れます。パルスは肉体のエネルギーのテンプレートの状態に影響を受けます。第一レベルが意識できれば、創造に対する肉体の意志を感じるでしょう。創造が実現に近づくにつれ、身体面や実生活の面で喜びを感じます。

創造のパルスの物質界での実現

創造のプロセスは肉体と物質界へと下りていきます。物質界で行動として表れ、肉体の健康状態に影響を受けます。よいものとして認められてやさしくケアされることが肉体には必要です。また、精妙な機能や生来の美が認められることも大切です。肉体を大事にすることに同意して私たちは生まれてきます。肉体は物質界で創造をするための乗り物のようなものです。

創造のプロセスは以前に得た結果としての現状にも影響を受けます。その状態を向上させるために——身体的にも感情的にも、また精神や他者との関係性においても——自覚して理解をし、学ぶことが大事です。

生命のパルスをさらに詳しく説明すると

ヘヨアンは創造のパルスについて、段階を追って説明してくれました。これまでの内容を聞いた私は、創造の最終段階は結果の実現なのだろうと思いました。健康になったり、絵画などの作品が出来上がったり、所得税が算出されたり、人間関係ができたりといった形で表れるのだろう、と。

でも、ヘヨアンはこう言ったのです。

いや、それはまだ
創造のプロセスの途中でしかない！

「どういう意味？」と私は尋ねました。

すると、ヘヨアンは逆方向に向かう創造のプロセスを教えてくれました。私たちの存在のさらに深いレベルへ——前に述べたHECSの、さらに深いレベルへと向かうものです（後出の「創造のパルスの四つの段階」の項を参照）。最後にコアスターは輝きを増し、創造は完成します。

そして、ヘヨアンはこう宣言しました。

創造のパルスが
最終的な「成果」に達すると、
コアエッセンスはさらに個性化する！

「どういうこと？」と私は尋ねました。

個性化したコアエッセンスとは
その存在の中にある、個性化された神聖さ。
それは普遍的であり、個性的でもある。

「どうしてそうなるの？」

コアスターのコアエッセンスは普通の物質とエネルギーの次元を超えて存在する。普通の空間座標には縛られない。その座標の中できみたちがしばらく生きるのは、そこで集中して学ぶためだ。

コアエッセンスにはそのような制限がない。きみのコアクオリティの表れで、きみが独自にもつものだ。顕在化した存在と、まだ顕在化していない存在の一部でもある。

肉体を得るのは個性化を意図した結果だ。有機的な形として、さらに個性化したコアエッセンスを創造するためだ。コアエッセンスがあればすべてが神聖に一体となっている中で、自己を失わずに、輝く無を体験できる。

それには、まず、神との共同創造者になる術を学ぶこと。つまり、神がいかに創造するかを知ることだ。「神は私を通してどのように神を出現させるのか」と問うことだ。答えはこうだ。

神の宇宙は
互いにやりとりする宇宙。
思いやりがある。
きみの共同創造者になって
きみの創造の流れに返事する。
きみが創造の流れを止めれば
宇宙は黙ってきみを待つ。
再び流れが起きるまで。

原因と結果

神は私たちに何かをさせようともせず、何かにならせようともしない、というのが先に挙げたヘヨアンの言葉の意味です。私たちが何をしようとしまいと、神は名指しで罰しはしません。神聖なる宇宙はただ私たちが創造力を発揮するのを待つだけです。そして私たちの思考や欲望や行動のとおりに（ネガティブなものにも、そのとおりに）反応を返します。単純に言うと「原因と結果」です。

これを生まれ変わりの中で見てカルマや因縁と呼ぶ時に、ネガティブな意味合いを感じる人もいるでしょう――個人的に捉える時には罰のようにも感じます。でも、罰を人間に差し向けるのは神ではありません。原因と結果は宇宙の仕組み。望む結果（成果）が得られない人は創造のしかたをまだ知らないだけです。さらに学びを続けましょう。自分を知り、自分の仕組みを知り、二元的な見方で現実を誤認するのをやめてクリアーで全体的（ホリスティック）な見方に変え、世界が本当はどのように動いているかを理解するといったことです。学べば学ぶほど、望みを叶える力がつくでしょう。

創造のパルスの四つの段階

前著『癒しの光』で述べたように、生命の創造のパルスには静止、拡張、静止、収縮の四つの段階があります。静止の後に拡張の波が訪れ、また静止した後に収縮して終わります。そしてまた次の静止が訪れ、拡張へと向かいます。生物はみなこのパルスに従っています。ヒーリングなどでは拡張から始まり静止、収縮、静止となることもあります。どの段階から始まっても四つの段階は常にあり、寄せては返す波のようにくり返します。

創造のパルスの第一段階：すべての創造を生むコアスターの奥深く、空虚で黒い無の静寂。これが静止のポイントです。

創造のパルスの第二段階：コアスターからハラ、ＨＥＦへとパルスが上昇して肉体に達します。コアから広がるあなたのエッセンスが意図（ハラ）とパーソナリティ（ＨＥＦ／オーラ）を通り、物質界に創造が出現します。

創造のパルスの第三段階：物質界に達したパルスは静止モードで休息します。拡張期の終わりです。私たちは立ち止まって自分を見つめ、創造を振り返ります。ヘヨアンいわく、これはまだ創造のプロセスの中間地点です。

創造のパルスの第四段階：内省を終えると、パルスは物質界からオーラからハラへと収縮し、コアの奥深くに達して終わります。引いていく波に抵抗を感じる時もよくありますが、この後に訪れる静止段階で深い静けさと無を感じる時と同じように、収縮期にもていねいに意識を向けることが大切です。創造のパルスが四つの次元を経てコアスターに戻る時、すべての学びと創造は個としての自分の中に戻ります。こうして神聖なコアエッセンスがさらに作られるのです。次のパルスの波が起きるまで、私たちは再び深い無の静止段階に入ります。

生命のパルス

生命の創造のパルスは
一度脈打つだけではない。
コアエッセンスから
あらゆる頻度で、あらゆるサイズで
くり返す無限の脈動だ。

コアスターだけでなく
肉体の細胞からも、
細胞の中にあるものからも、
DNAや元素や原子からも生まれ出る。

生命は広がり、作り、
立ち止まり、振り返り、

引き下がり、知識を得て、
きみの中に
気づきをもたらす。
人生の波は
いろいろだ。
人それぞれに
ふくらむ時やしぼむ時をすごすもの。
ある時は長く、ある時は短く
ある時は速く、ある時はゆっくりと。
どんな生命のパルスも普遍的。
一つのパルスはすべてに広がる。
きみが動くたびに、話すたびに
宇宙の大きな広がりに届く。
あらゆるものがシンクロし
生命の素晴らしいシンフォニーを奏でている。

HECSを通したクリアな創造のプロセスの結果

ハラとHEFがクリアで力があり、実現させたいエリアのバランスがとれていれば、創造はたやすく実現するでしょう。実は、あなたも自然にそうしています。自分の望みがはっきりしている部分は簡単に創造できてしまうので、自分で気づかないのです。あなたはそれが普通だと思っているでしょう。でも、友だちにはそれが信じられません！

「どうしてそんなにすごいことができるの？」と尋ねるでしょう。

「あら、何でもないわ。こんなの普通よ」とあなたは答えるでしょう。

あなたも友だちの才能に驚くでしょう。それがコアの才能です。この才能は現世や過去生で創造したコアエッセンスから直接出てきます。その分野においては何の妨げもなく、コアからストレートに創造力が流れています。ブロックもなく、癒えていない傷もないエリアです。ここでの「分野」や「エリア」とは健康面や仕事面、人間関係などでの肉体や感情や精神およびスピリチュアル面の状態を指しています。


では、クリアでブロックがない理想的なＨＥＦで創造のプロセスがどのように進むかを見てみましょう。そのようなＨＥＦを私は見たことがありません。これまでに出会ったスピリチュアルの指導者やグルたちも例外ではありません。それでもみなフィールドのどこかにクリアーな面があるため、そのエリアではスムーズに創造ができるのです。図２－２はＨＥＦにブロックがない時の創造の実現を矢印で示しています。これらのエリアでは物事が自然に起こります。何かをしようと思えば実現します。「問題ないよ！」と、特に何も考えずに行動します。ことさらに意識を集中させることもなく、ただ、やるだけ。創造の流れは各レベルをすんなりと通り、各レベルの本質を表現します。それが才能というものです。一人ひとりの才能は異なっています。

誰もがこうした才能をたくさんもっています。あなたの才能は何ですか？　自分の長所を人に言うなんて傲慢《ごうまん》だよ、と教えられた人もいるでしょう。私もそう言われて育ちましたが、まったく不健康なことです。ただ、自分に才能がある部分は簡単に成し遂げられてしまうので、自覚がないことが多いです。

しかし、才能はあなたのコアエッセンスが輝く分野でもあります。培ってきたコアエッセンスが自然に表れ、究極的には高次の原理が表現されるエリアです。

たとえば、私の長年の同僚は誰に対しても思いやりを示し、役に立とうとします。これは高次の愛の原理の表れです。また別の友人は存在そのものに深みがあり、他の人の肉体の細胞の中にさえ存在を感じさせます。たとえ相手が死期にあろうと、心身がどんな状態にあろうと変わりません。これは神聖な意志と神聖な愛の表れです。混乱した状況でも落ち着いて、筋道を立てて解決をしようとする友人もいます。これは神聖な真実の表れです。みんなの意見が衝突した時、じょうずに丸く収める友人もいます。これは神聖な真実と意志の表れです。教育に心血を注ぎ、生徒の成長を見守る人もいます（これも神聖な真実と意志の表れです）。正直を絵に描いたような人（神聖な真実）や、類まれなほど物事をきちんとする人（神聖な意志）。みな自分の尊い望みに従い切磋琢磨《せっさたくま》し、好きなことをしてコアエッセンスを発揮しています。

第2章の復習　HECSと創造のプロセスについての質問

1. 創造のプロセスをHEFの各レベルで追ってみましょう。この章の内容を参考に、できる限り知覚してみてください。感じて、見て、直感的につかみましょう。まず、過去を振り返り、あなたがとてもしたかったことで、ようやく実現できたものを見つけてください。あなたがフィールドの各レベルで体験したプロセスはどのようなものでしたか？　理性と意志と感情はどうでしたか？　愛のある人間関係は？　個人として／人間としての理性と意志と感情は？
2. 次に、創造のパルスの四段階を感じてみましょう。静止、拡張、静止、収縮。

3. 愛の創造の力があなたの中をめぐるのを感じながら、一つひとつの体験と結びつけてみてください。

第3章　ブロックされた創造のプロセスを癒す

これは創造のエネルギーの流れを開く
ワークともいえるだろう。
ブロックを見つけて理解して
共同創造のために開くのだ。

きみは目的に気づくべく、ここにいる。
それは神との共同創造だ。
勉強とは間違い探しの場ではなく
欠点探しの場でもなく
いやなものを探す場でもない。

神との共同創造とは何かを知るために、きみはいる。
――ヘヨアン

前の章でクリアーな創造のプロセスについて説き、創造のパルスの最終結果（と創造）は神聖なコアエッセンスとコアライトのさらなる輝きだと述べました。私たちが人生や健康をどのように体験するかは存在の四つの次元のなりたちやクリアーさやバランスにかかっています。また、生体エネルギーフィールド（ＨＥＦ）の各レベルも関係します。創造のパルスは四つの次元を行き来して、それぞれの次元から大きな影響を受けます。深い次元ほど影響力は強くなります。建物と同じように、基盤が揺らぐと上層部も揺らぎます。深い次元が干渉されれば残りのすべてが乱れます。

ヒーリングのワークには四つの次元のすべてを含めるべきです。ハラとＨＥＦだけでなく、それぞれの具体的な面も含めます。ハラの位置や状態や大地とのつながり、ＨＥＦの各レベルの健康とバランスや、一瞬ごとに生命のパルスに従い、大切にできているか。そのために四つの次元についてしっかりと理解をし、どのようにブロックが生じるかを知っておきましょう。それぞれの次元を創造のプロセスの流れの中で意識し、自覚して感じ取ることが必要です。

創造のプロセスのブロックや歪み

四つの次元を滝のように流れる創造のエネルギーを遮るものが存在します。そこが現世での課題となるエリアです。つまり、創造のプロセスが停滞するところは成長が求められている部分です。それを見つけるのは簡単です。ずっとあなたがしたいと思っているけれど、まだ実現できていないことは何でしょう？　ハラやＨＥＦの歪みがあれば創造のプロセスは干渉を受けます。

ハラの歪み：ハラに歪みがあれば、その歪みに沿って創造のエネルギーが分裂してしまいます。これは「スプリット・インテンション（分裂した意図）」と呼ばれます。創造のエネルギーが反対方向に二分され、打ち消し合ってバランスが崩れるのです。両側から同じ力が衝突すれば何も創造できません。内面で膠着《こうちゃく》状態になるのです！　矛盾があるため何も成し遂げられません。

意図は意志とは別物です。はっきりとした意図を立てれば心は落ち着き、内面から力が生まれるのを感じるでしょう。試しに、あなたの理性と意志と感情の三つのバランスはどうかを考えてみてください。第２章で理性と意志と感情で生体エネルギー意識体系（ＨＥＣＳ）を語ることもできると述べました。

三つのバランスがよければ意識は内面の中心に落ち着き、はっきりとした意図が立てられています。自分を二元的に評価せず、ホールネス（全体性）に向かう意図があるということです。あなたは抵抗なく、あるがままに宇宙と歩むようにして生きているでしょう。そこから人生の創造が始まります。三つのバランスが崩れている場合、意志が強すぎればハラインは後ろに寄り、感情が強すぎれば前に寄ります。

抵抗して宇宙との同期を外れ、自分の思いどおりに世界を動かそうとすれば、ハラインは背中の方に移動します。創造の力は干渉を受けて二つに分かれます。創造のエネルギーの感情の面は減少して意志の面から分離します。強情やわがままというのはこのような状態です。

ヘヨアンによると、人間が意志と言う時は、たいてい意志の歪みを指しているそうです。「流れを無理に作る」のは創造のプロセスへの干渉として最もよく見られるものです。そのためにバランスを崩したHEFの例を図3－1で示しています。ハラインとエネルギーの垂直流（VPC）は背面に偏っています。この偏りは背面のチャクラを非常に大きく開きます。この状態にある人は攻撃的になり、無理強いをし、他人を思いどおりに動かそうとします。このように歪んだ状態を人間は意志と呼んで誤解しているのです。私たちは「意志」（と呼ぶもの）で自分のフィールドを歪ませ、他人／世界／神を操り、ほしいものをほしい時に手に入れようとします。これは真の意志ではありません。無理に流れを作ろうとしてHEFのバランスを崩し、望むものを創造する力が干渉された状態です。

このような無理な流れには、さりげないものもたくさんあります。あわれな弱者を装って感情に訴えようとするとVPCとハラインは前に偏ります（図3－2）。人前ではおとなしくしておいて、後で陰口を言うとハラとVPCは下半身が前に偏り、上半身が後方に偏ります（図3－3）。ハラとVPCは左右に偏ることもあります。右に寄れば行動は過剰になり、左に寄れば行動は不活発になります。これらはハラ／VPCの歪みのほんの一例です。HEFの歪みについては次の項で説明します。

ここまでの内容をまとめましょう。意図が割れると創造の流れも分裂します。エネルギーが逆流してぶつかり合い、元々の意図がブロックされるのです。意図の分かれ方が均等でなければ、小さな支流もメインの流れに従うでしょうが、実現に至る強さは出にくいかもしれません。実現したとしても弱くて不完全で不本意な、元の希望とは異なる結果になるでしょう。はっきりとした意図を立て、その目的にハララインをぴたりと合わせなければ、意識したとおりのものを完成させることはできません。自己の矛盾が創造をいかに妨げているかに気づき、分裂を癒すことが必要です。意図が分裂するのはあなたの「子どもの意識」にあるネガティブな信念が原因です。これについてはこの章と次の第4章で詳しく述べます。この分裂に気づいて癒せば、思っていたとおりの方向にエネルギーを向けられます。それは子どもの時に思い描いていたものかもしれません。二、三週間ほど費やして、ゆっくり大人らしい目的へと成熟させれば、今の年齢にふさわしい創造に活かせます。

HEFのブロックと位置

では、ブロックとは何であり、HEFの中でどのように創造に干渉するかを見ていきましょう。ブロックによる不健康な動きが招くダメージについても説明します。それからブロック除去のヒーリングのアプローチをご紹介します。

広くブロックと呼ばれているものは暗く滞留したエネルギー意識です。この滞留はHEFで感情に当たる非構造体、第二レベルと第四レベルのみに起こります。なぜそこに滞留するかというと、理性と意志を表す構造体（第一、第三、第五、第七レベル）の一つか二つ以上の歪みがエネルギーの流れに影響を及ぼすからです。そうした観点から見ると、構造体で形が崩れた部分も、非構造体で弱った部分やチャージ不足の部分もブロックです。通常は一つのブロックにこれらの乱れがみな表れています。ブロックが第一レベルから第七レベルのすべてに存在する場合もあれば、そうでない場合もあり、HEFのどこにでも起こり得ます。二、三のレベルにブロックの影響が見られることが大半ですが、深刻な場合はHEFの第一レベルから第七レベルを貫いています。そのようなブロックがある場合は重い病となって表れます。

HEFの構造体レベルへの干渉：どのような創造をするにもHEFのすべての面で創造のエネルギーがクリアーに流れることが必要です。しかし、たとえば第三レベルと第七レベルが発達し過ぎるとエネルギーは頭部に偏ります。策を弄して他人を操ろうとする防衛につながります。

構造体レベル（第一、第三、第五、第七）の歪みはチャクラの破れやもつれ、ラインの歪みとなってそのレベルに表れます。創造のエネルギーがHEFを通って物質界へ向かう時に歪みや変化や分裂を起こし、創造のエネルギーを完全にストップさせたり漏らしたりします。チャクラに破れがあれば創造の実現に必要なエネルギーが代謝できなくなります。

HEFの非構造体レベルへの干渉：非構造体レベルの歪みも問題を引き起こします。第二レベルは自分に対する感情や健全な自己愛です。第四レベルは他者への感情や人間関係において人を愛することや、相互に与え合い、受け取る力を示します。第二レベルと第四レベルの歪みは暗いエネルギー意識が滞留したブロックとなって表れます。緑がかった茶色や暗い赤などの濁った色です。ブロックは感情的なわだかまりのエネルギー意識で、チャクラの中にも見られます。このタイプのブロックは創造のエネルギーを完全に止めて吸い取ります。チャクラの中にあれば、そのフィールドのレベルの健康と活力に必要なエネルギー意識が取り入れられません。

第六レベルはスピリチュアルな意識の領域で、崇高な愛とエクスタシーに相当します。このレベルに問題があると、暗さや滞りよりもエネルギー意識の弱さや欠如が表れるでしょう。スピリチュアルで神聖な愛を体験する時間が得がたい人はたくさんいます。私は第四レベルよりも上のレベルでオーラの変色を見たことはありません。

信念を表すもの：非構造体レベルは二元的な信念体系と関わっているだけでなく、二元的な信念体系を表しているとも言えます。非構造体レベルには強いエモーションやフィーリングを維持する力があるため、ヒーリングで浄化すると同時にホリスティックな概念を招き入れ、二元的な概念と入れ替える必要があります。二元的な概念は物事を二つに分けてしまいます。対照的なもの（例：白と黒、男と女）や対抗するもの（例：善と悪、相手と自分――「これか、それか」といった考えも当てはまるでしょう）。

ホリスティックな概念は深い癒しを支えて促し、二元性に起因するブロックの形成を防ぎます。生き方も創造の捉え方も、宇宙や生命に対する反応も、ホリスティックな生き方を知れば完全に変化するでしょう。穏やかで豊かな宇宙で内面の体験をするような生き方の基盤が築けます。

ＨＥＦの各レベルは私たちのリアリティの特定の部分に対応し、そのレベルの機能に対応するホリスティックな概念と関係しています。フィールドとチャクラのブロックを解消するまで創造のプロセスは滞り、フィールド全体を流れることができません。ＨＥＦの歪みを癒すにはホリスティックな原理と概念が不可欠です。

二元的な現実とホリスティックな現実

ＨＥＦのレベルは個人の意志（第一）、自分に対する感情（第二）、理性（第三）、他者との関係においての感情（第四）、自己の神聖な意志（第五）、神への感情（第六）、自己の神聖な精神（第七）で構成され、歪みがあるところに欠如や弱さが生じます。その結果、ホリスティックな概念ではなく二元的な概念をもつようになります。HEFの歪みは信念体系の歪みです。二元的な考え方をすればハラとHEFは歪みます。つまり、次のように言えるのです。

ハラとHEFの歪みは
二元性の中で生きていることの表れです。
なぜなら、HEFとハラは
私たちの現実体験のしかたと切り離せないからです。
HEFとハラが癒えるにつれて
ホリスティックな現実が認識できるようになります。

残念ながら、二元的な価値観は何千年にもわたって教えられてきました。その教えは二十一世紀の健全な生き方にはもう通用しません。昔のように押さえつけられ、罰を与えられる苦しみを味わい続けたい人はいないでしょう。世界は相反する者で二分されているという考えは多くの問題を生みます。それが私たちの信念体系にまで及ぶと非常に混乱します。

二十一世紀はグローバリゼーションと近代化が進み、国際間のコンタクトはさらに密になっていくでしょう。神の意味の捉え直しも必要になっています。新しい捉え方とは神とつながるHEFにホリスティックに統合可能なものです。忍耐と相互の尊重に基づいて神の精神や神の愛、神の意志を見直す必要に迫られるでしょう。

個人でできることは、愛とは何で、どのように愛するかを見直し、無条件の愛へと自分自身を解き放つことです。今という時代を生きる上で大切な愛とは何か、まったく新しい見方をすることです。自分たちとは異質な人々に対する古い考え方や古い世界観を捨て、オープンマインドなコミュニケーションと発見に代えていくことも必要です。愛とリスペクトをもって世界を理解し、積極的に踏み出していくのです。他者や異文化に対する先入観を手放すことも含まれます。

ホリスティックな現実では一人ひとりが自分のコアに責任をもちます。くり返しになりますが、そうした現実認識と古い二元的な価値観を入れ替えていくことがヒーリングの過程に欠かせません。ホリスティックな概念については本書の全体にわたって述べていきます。詳しい解説は第5章と第19章（下巻）でおこないます。

すべての人にハラの歪みやHEFのブロックがある：人類はまだホリスティックな社会から程遠いと言わねばなりません。私は完全にクリアーでバランスがとれたHEFやハラを見たことがないからです。誰しも癒すべき課題をもっています。癒しとはハラやHEFのヒーリングの他に、生きる指針となるコアの原理の追究も含みます。

つまり、世界に対する未熟な理解——無意識に物事を二元的に捉えてしまい、宇宙のホリスティックな動きを知らずにいること——をしているうちは、クリアーな創造のプロセスが進みません。ブロックを見つけて除去することと、ホリスティックな原理を学ぶことの両方が必要です。これまで無意識のうちに従ってきた二元的な原理に代わるものが必要なのです。二元的な信念体系が創造のパルスに及ぼす弊害についてはこの章で後ほど詳しく説明します。

HEFのブロックは創造のプロセスを弱め、歪ませ、迂回させ、結果を思うように出すのを妨げます。ブロックにある二元的な分離の強さと程度によって、本来の望みと食い違う度合いが決まります。これを理解するために、まずブロックとは何かを見てみましょう。ブロックの除去は新しい概念を受け入れられるかどうかの試練でもあるのです。

インナーチャイルドと呼ばれるもの：では、わかりやすい話から始めましょう。これは広くおこなわれている「インナーチャイルドのワーク」と呼ばれるセラピーと真っ向から対立する考え方です。

インナーチャイルドの世話はおやめなさい！
インナーチャイルドなど存在しません！
「インナーチャイルド」というラベルが作られただけなのです。

新しいコンセプト

インナーチャイルド＝まだ進化していない意識
ブロックには未発達の意識が閉じ込められています。
ブロックの中に閉じ込められた
未発達の意識を解放し
教育し直すことが真のワークです。

つまり、あなたの中に子どもは存在していないのです。その考え方は手放しましょう！　ブロックをあやして眠らせたままではいけません！　ブロックを切開して中の意識を外に出し、新しいものの見方を教えて進化させるべきなのです。まだポジティブな大人の自我が育っていなければ、それも発達させましょう。

どういう意味かが腑に落ちるよう、次の事柄を考えていきましょう。ブロックはなぜできる？　HEFの特定の場所にできるのはなぜ？　ブロックはなぜ頑固にそこにある？　ブロックと心の傷との関係は？　ブロックはなぜ自然に消えない？　創造や人生への影響は？　ブロックが悪循環を生むのはなぜ？　悪循環を断つには？　そして、どうすればブロックは癒えるのか？

ＨＥＦにブロックが発生する過程：ブロックができるのは私たちが怖い体験をした時です。たまたま何かがあった時や、誰かにネガティブな扱いを受けた時などです。たとえば、あなたが五歳の子どもだとしましょう。夕食時にはお客が来るため、お母さんはテーブルに食器を並べています。あなたは高級そうなグラスをテーブルに運ぼうとし、つまずいて転びます。グラスは割れ、あなたは驚いて泣き出します。お母さんははっとして振り向き、信じられないといった表情であなたを睨《にら》みます。お金を貯めてようやく買ったグラスなのに、とお母さんは思いますが、早く片付けないとたいへんです。お母さんは「静かにしなさい！　泣かないで！」とあなたを怒鳴りつけ、あなたにケガはないかと心配します。お母さんはほっとしますが、もう手遅れです。あなたは転んだ瞬間に息を止めました。お手伝いをする喜びは吹き飛びました。頭の中は真っ白で、ただ恐怖を感じます。それ以来、あなたは怖くても泣いてはだめだと気持ちを抑え、警戒するようになるでしょう。人を手伝いたいとは純粋に思えなくなります。これならまだ単純です。次に同じようなことが起きると、さらに大きなエネルギー意識がブロックに加わり、人を手伝うことへの不安も強くなります。誰もみな、幼い頃から、この例よりもはるかに複雑でネガティブな体験をくり返しています。生まれる前にできるブロックについては第４章で説明します。

つらい体験を頻繁にすればするほどブロックは強固になります。どんな家族にもネガティブなダイナミズムがあるため、子どもはみな自分のフィールドにブロックを作ります。これはどんな人にも当てはまります。

ブロックはどのようにしてHEFに形成されるか‥エネルギー的なブロックができる仕組みは単純です。驚いたり恐怖を感じたりした時、私たちがみな反射的にすることがあります。それは生理的な反応であり、瞬時に起きるので止めようがありません。それは息をのんで止めてしまうことです。すると、連鎖的に次のようなことが起こります。


突然はっと息をのんで止めます。

身体は「戦うか逃げるか」の二者択一の警戒状態になります。

HEFの「戦うか逃げるか」のリアクションは異なります。

息をのんだ瞬間にエネルギーの流れは止まり、思考のエネルギー意識が感情のエネルギー意識から分離します。思考と感情が分かれてしまうのです。HEFのエネルギー意識には実際に、そのようなことが起きています。

感情のエネルギーは硬直しますが、思考のエネルギーは刺激されて活性化します。分離が起きて二元性を生み出します。

その結果、つらい幼児体験と似たシチュエーションに対して警戒するようになります。

分離した思考と感情は再び合流させるまでそのままです。ヒーリングと自己の成長のワークが必要です。

ブロックができた時から創造の流れは妨げられます。フィールドの中の流れは具現化に向かっていますが、ブロックによって分裂してしまうのです。

創造を成し遂げるには、燃料として感情のエネルギーが必要です。なぜなら、

思考によって
何を創造するかが決まります。
感情によって
創造のプロセスは勢いを得ます。
意志によって
創造のパターンや形が決まります。
三つが揃って動かなければ
創造は未完成のままなのです！

なぜブロックは消えずに強さを増すのか‥ブロックが自然に消えることはありません。それは不可能です。エネルギー意識を足さない限り、変化に必要な燃料が不足したままだからです。感情と思考が合わさるのに必要なエネルギー意識が注ぎ込まれるまでは、ブロックは分離した弱い状態です。
これがわかりづらければ、あなたが幼かった頃にとても悲しく、いやだったことを思い出してみてください。それなら難しくないでしょう。とても不愉快だったのに、どうすることもできなかった時のことを、ただ思い出してください。

思い出せましたか？　はっきりと？
思い出せましたね。
今、あなたは泣いているでしょうか？

出来事が思い出せても当時の気持ちを感じないなら、感情のエネルギーが流れていないということです。その記憶についての感情はブロックされています。

しかし、出来事自体は思い出せたわけですから、思考のエネルギーは流れています。

その記憶についての思考のエネルギーはブロックされていません。

そうですよね？　おわかりになりましたか？

それほど単純なことなのです。

そのブロックにじゅうぶんなエネルギー意識を注入し、せき止められた感情を放流して思考のエネルギーに再び合流させるまで、ブロックはそこに残り続けます。自然に放流されることはめったにありません。普通はその逆です。

私たちは感じるままに感情を出すのは不適切だと教えられます。感情を抑えるようにしつけられます。感情の抑え方を自分で工夫するようにもなるでしょう。そうして感情を抑えれば抑えるほど、低周波のエネルギー意識が感情をめぐって滞留します。密度が濃くて暗いブロックとなって第二レベルと第四レベルにたまるのはそのためです。第二レベルではダークな雲のようになり、第四レベルでは濃い粘液のようなものになります。時と共にブロックは固く複雑になり、層を作ります。

さらに、そのブロックと似たトラウマが身体の同じ場所にたまり、元のブロックの周囲に集まります。こうしてブロックは複雑さを増してＨＥＦに干渉します。ＨＥＦのエネルギー意識はブロックをよけて流れるようになります。ブロックに衝突して感情を放流させるようなシチュエーションに過敏になり、そうした場面を避けるようになります。つまり、ブロックを温存するようなライフスタイルを作り上げてしまうのです。

ブロックの解剖学：図3－4はブロックを解剖した図です。この視点からブロックを詳しく見てみましょう。ブロックは何層にも重なり、一つひとつの層がブロックをその場にキープしています。層の外側には防衛があります。この外側の層は非常に強く、誰も中に入らせまいとしています。このように防衛すれば家庭環境や世間の常識に合わせた行動がしやすくなります。

つらい幼児体験に似たシチュエーションが避けられない時は、理不尽な考えやわだかまりが表に出ます。未解決の幼児体験に似た「外側の」シチュエーションに防衛しきれなくなると、わけのわからない態度や行動に駆り立てられます。この理不尽な／エモーショナルなエネルギーは解消されないまま残っているエネルギーです。幼い頃に自分を守ろうとして守れなかった時の残り物ですから、表に出る時は未熟な形で出てきます。大人になれば（徐々に理不尽な防衛をやめ）、私たちは（信頼する相手に対して）自分の反応が今の状況に対するものではないと認めます。

子どもには状況を変える力がありません。うまく立ち回る知恵はつきますが、それでも両親の支配下で生活しています。その部分はどうすることもできません。この無力さを感じまいとするために、大多数の大人が心の奥深くで抵抗するのも不思議ではありません。さらに掘り下げると次のようなことがうかがえます。

セラピーを受ける大人が
幼少期を振り返るのをいやがる時、
その気持ちの大部分は
完全に無力だった経験に対する恐れです。

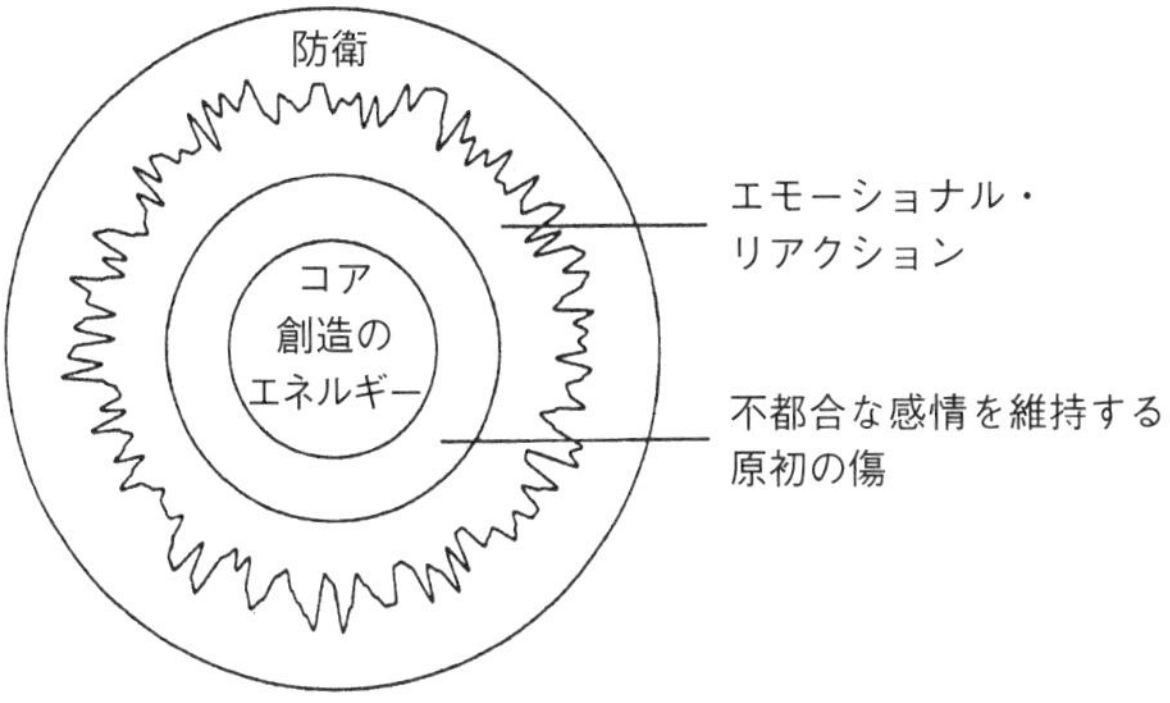

図3－4　ブロックの解剖図

子どもの意識

ブロックの中には「子どもの意識」とパスワークレクチャーで呼ばれるものが存在しています。ブロックの中の子どもの意識は発達が止まっています。その下には、つらかった出来事が存在します。その出来事が起きた時の気持ちに対する防衛反応が、理不尽なリアクションとなって表れます。

大人がそうしたリアクションをするのは、ブロックができた時の子どもの意識のために現実認識が混乱しているからです。基本的に、エモーショナルな反応は未発達の子どもの意識から生まれます。知性がまだ発達していない子どもが世界を極端に二分化して捉えるような意識レベルです。子どもの意識が導き出す結論は真実から外れています。すべてを善か悪かで判断します。善でなければ悪であり、悪でなければ善だ、というわけです。

子どもはその結論を万人に当てはめます。声を荒げて殴る父親を見れば男性はみな父親と同じに見え、「男はみんな残酷だ」と結論づけます。子どもはこの結論に従って男性に対する態度を形成します。男性に対して怒りや恐れといったネガティブな感情も抱くでしょう。成長後はそうした傾向をもつ男性の残酷さを引き出すような態度を示すこともあります。

イメージ：こうした誤った結論は人生に大きく影響し、創造のプロセスを歪めます。先に挙げたような現実認識が集まって、先入観のようなイメージが形成されます。イメージは過去の中で凍りつきます。時が経てば、凍りついたイメージは無意識になります。しかし、そこから生まれるエモーショナルな／理不尽なリアクションは起き続け、ブロックを防衛し続けます。無力な幼少期の痛みを感じまいとするための防衛です。

傷（ウンド）：傷はブロックされた未発達のエネルギー意識でできています。傷を負った過去の時間で止まっており、現在からも創造のパルスからも外れています。傷の部分は出来事に対処する強さがなかった時の年齢で止まっているのです。強さがあればエネルギーの流れはブロックされず、理不尽なリアクションも起きません。

傷が残るもう一つの理由は、前にも述べたように、傷の中で感情と記憶のエネルギー意識が分離しており、自然に放出できないからです。癒すには分離を元どおりに一体化させるしかありません。ヒーラーは傷にエネルギー意識を導入して活性化させ、クライアントの気づきを促します。凍りついた幼児体験を生命活動に戻して解決へと導きます。

ヒーラーがクライアントの傷を気づきに導くと、その中にたまっていた「不都合な感情」の正体がつかめます。傷を癒すには、その痛みに触れるまで掘り下げる以外にありません。その真実の痛みを感じるのは少しの間だけ、あるいはそのヒーリングセッションの間だけでしょう。同時にクライアントは多くの発見や気づきを得ます。この気づきは数週間にわたり、次々と生まれていくでしょう。何を選び、何を避けるか。どんな思い込みを自分で作っていたか。自分を粗末にしていなかったか、権威に対する問題は何か。他に不健康な行動をしていなかったか。しかし、傷ができた時とは大きく異なる点が二つあります。まず、ヒーリングの間はヒーラーが愛をもってクライアントを受け入れます。そして、ヒーラーがクライアントを罰することはありません。次に、クライアントは大人に成長していますから、自分で状況を変える力がついています。時間と理解と練習は必要ですが、不可能ではありません。

セッションでは、傷の中にあるイメージの癒しをサポートするエネルギー意識を導入します。高次の原理のエネルギーや無条件の愛、真実、叡智、勇気など、傷の種類によってさまざまです。無条件の愛はすべてに効果があります。

このタイプのヒーリングは本来の創造エネルギーを深い傷から解放します。幼少期にブロックが形成されて以来、止まっていた流れです。とらわれて動けず、何も創造できなかった部分です。これが人生の再創造への鍵です。ブロックができてから、ずっと創造のエネルギーが不足していたのですから。このように創造のエネルギーを停滞させるブロックは私たちの中にたくさんあります。望むものを生み出すためにエネルギーが使えないでいるのです。ブロックとエモーショナルな／理不尽な防衛があれば、そこにあるネガティブなイメージのために、むしろ自分が求めていないものを創造してしまいます。では、それがどのように起きるかを見ていきましょう。

ブロックが創造のプロセスと人生に与える影響

図3－5はブロックがフィールドに与える影響を示しています。あなたにはこれまで、ずっと実現させたいと思ってきたことがありますか？　実現できていないまま何年も経っていることもあるかもしれません。

「なぜ私にはこんなことばかり起きるの？」とか「ああ、いやだ！　また始まった。もうたくさん！」とか「どうせまたこうなると思っていた！」などという心の声に耳を傾けてみてください。あなたの深い傷の中にある、まだ発達していない子どもの意識を知るヒントが見つかるでしょう。世界はこういうふうに回るのだというあなたの認識がそこにあります。このとおりのことが起きるたびに、誤った認識が強化されます。世界が思うようにいかないのは、子どもの意識が正しいからではありません。創造のエネルギーがブロックされているからです。自分が幼少期にどんな痛みを感じ、それをどう防衛しているかを知ってブロックを解消すれば、本来の創造のエネルギーを取り戻せます。ブロックに閉じ込められず、望む方向へ進めます。あとは子どもの意識を捉え直し、世界の本当の動き方を学び、成長できるかどうかにかかっています。

HEFの中で循環するブロック：ブロックにエネルギーが働きかけると、それは動き始めます。この働きかけはクライアントの内側から、あるいは外側から起きてエモーショナルなリアクションを誘発します。普段の生活では図3－4のように、痛みの周囲は強固な外壁で覆われています。しかし、その外壁を突破して、埋もれた感情をえぐり出すような物事があります。それが起きると外側からのエネルギー意識が防衛の外壁を貫通します。貫通した外圧は次の防衛線に衝突し、エモーショナルなリアクション（emotional reaction: ER）を引き起こします。ERはクライアントのフィールドをチャージして分裂させ、ネガティブなリアクションを循環させます。このネガティブなリアクションは習慣になってパターン化し、人生に多くの問題を引き起こします。このパターンは悪循環と呼ばれます。ERと悪循環の概念はエヴァ・ピエラコスのチャネリングによるパスワークレクチャーが出典です。50／50ワークの創設者バート＆モイラ・ショウはこれを「不都合な感情」を発生させる傷としてわかりやすく説いています。私はこれにHEFのブロック形成の仕組みやERの際のエネルギー交換、ERの方向転換と変容の方法、ＨＥＦの傷とＥＲに働きかけて悪循環を癒す方法といったダイナミクスを付け足しています。悪循環の心理の仕組みは次の章で詳しくお話しします。ここではＥＲがフィールドの中を循環する様子を見てみましょう。

図３－６ａはあるクライアントの太陽神経叢にある暗いブロックの塊です。図３－６ｂではブロックが垂直に流れるエネルギーの中を上方に向かって流れ始めています。ブロックはさらに巡り、図３－６ｃのように完全に循環するようになります。このような状態になった人はたいていブロックに閉じ込められており、二元的な考え方に屈しています。ＥＲや理不尽な思考はぐるぐるとめぐり、それを表に出す（他人にぶつける）時もあればそうしない時もあり、いずれにしてもしばらくするとブロックは落ち着き、元の状態に戻ります（図３－６ｄ）。しかし、こうした循環をくり返すたびにネガティブな／二元的なエネルギー意識がブロックに加わり、少しずつ圧縮されて習慣性が高くなっていきます。

ＨＥＦのブロック除去と創造の力の解放

では、ヒーラーが図３－６ａのようなブロックを解消するとどうなるかを見てみましょう。図３－７ａはヒーラーがブロックにエネルギーを通し始めた時の様子です。まずブロックは拡張し始めます。ブロックが大きくなるように見えてヒーラーは懸念するかもしれませんが、二、三分も経てばそれが単に拡張しているだけだとわかるでしょう。ヒーラーがさらにエネルギーを与え続けるとクライアントの幼少期の感情が蘇り、分離していた思考の流れと合わさり始めます。図３－７ｂは解放されたブロックがエネルギーの垂直の流れを上る様子です。ブロックされていたエネルギー意識がチャクラやフィールドの各レベルへも流れるにつれ、ヒーラーはクライアントがＨＥＦのより高いレベルへ統合するのを助けます（図3－7c）。この際にヒーラーは注意深く、生命のパルスの拡張に合わせてエネルギーを流し続けます。ヒーリングが完了すると、過去（ブロック形成時のクライアントの年齢）にとらわれていたエネルギーの大部分は現在のHEF全体に再統合され、現在のクライアントの創造のパルスに流入します。ブロックがあった時は、その中で子どもの意識が成長を止めていました。それが自由になるのです。成長は数週間かけて展開するでしょう。その期間にクライアントはポジティブな大人の自我で子どもの意識を見直し、バランスがとれたホリスティックな大人へと成長します。

どんなブロックも二元的です。ブロックとは、苦しい目に遭った時に思考と感情が切り離されてできたものだからです。分離した瞬間にブロックができ、HEFの中でそこだけがエネルギーが少ない状態に陥ります。放っておいてもブロックが解消しづらい理由はそこにあります。記憶と感情を合わせるには、健全な新しいエネルギーを慎重に、じゅうぶんな量を流し込まなくてはなりません。このようなヒーリングにはやさしく愛のあるケアと、途切れることのない集中力、そしてしっかりとそこに存在する力をもつヒーラーが不可欠です。

ヒーラーとクライアントは共に、クライアントの本来の意図に従い、創造の力を解き放って現在のプロセスに注ぎます。ブロックされた望みが何であれ、それは創造の可能性を秘めています。また、子どもの特権とみなされがちなポジティブな性質が解放されて現在のフィールドに統合されますから、クライアントは感動や活力、ピュアな喜びや楽しさなどの高揚感が生まれます。ネガティブな自制心に叩きつぶされず、ただ愛や信頼や今ここにいることの素晴らしさを感じます。不安や恐怖はやわらぎ、安心感も得られます。ブロックされたエネルギーの塊が集まると、私が「タイムカプセル」と呼ぶものになりますが、これについては第14章（下巻）で詳しくお話しします。

図3－7bも小さなブロックがエネルギーの垂直の流れの中を通ってフィールドから完全に解放され

る様子です。HEFの第四レベルで粘液状となっていたものを変容させて除去しています。垂直の流れに沿って上昇させることにより、変容させるのです。

粘液状の滞留物を除去する方法は他にもあります。先に述べたようなヒーリングの際に、ヒーラーはエネルギーの手で滞留物をすくい、より高い周波数に変容させて光の中に放ちます。ブレナンヒーリングサイエンスのプラクティショナーはすくいあげたものをそのまま床に捨てはしません。誰かが通りかかって自分のフィールドに吸収するかもしれないからです。すくって浄化し、大地のエネルギーに変容させて地中に深く放つならOKです（図2－2はブレナンヒーリングサイエンスのメソッドでクリアーな創造のプロセスが回復した状態です）。

創造のエネルギーの解放と人生の再創造

ブロックが解放された後を見てみましょう。図3－8は解放されるブロックの解剖図です。ブロックの中では思考と感情のエネルギーが分離していました。クライアントはその感情に恐れを感じるでしょう。そのような時はただ自然な感情の流れに任せることです。癒しのためにポジティブなエネルギーが注入されると、ブロックの中で分裂していた意図はポジティブな意図に統合されます。すると、ブロック全体が解放されます。防衛も心の痛みも、コアにある本来の創造のエネルギーも解き放たれます。

クライアントがどのような悩みを抱えていても、この過程は同じです。もしかしたら、ブロックは過去生で何度もできていたかもしれません。クライアントは本来意図していたことを現世で再び創造できるようになります。

痛みを感じるのをいやがる人もいますが、避けては通れません。ヒーラーがわざと昔を思い出させて

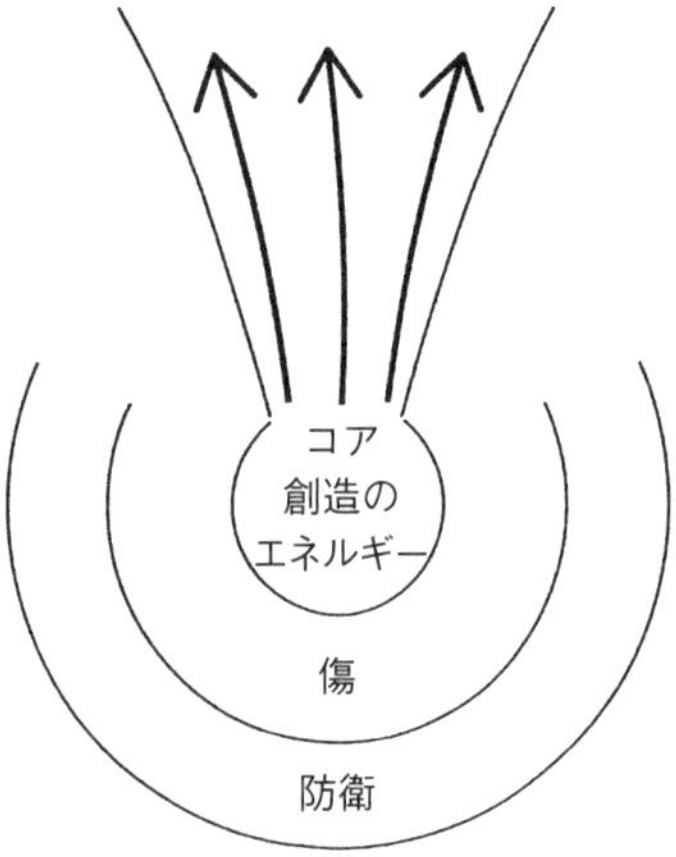

図3－8　解放されるブロック

苦しめているわけではありません。傷の痛みの中に創造エネルギーがとらわれているからであり、それを解放してクライアントが望む生き方ができるようにするためです。クライアントが再創造をするために、欠けているエネルギーを取り戻す作業です。とらわれた創造のエネルギーに対するイメージに気づき、そのイメージがいかに人生を不自由にしているかを知るとよいでしょう。それに見合う、素晴らしい結果が得られます。

第3章の復習　ブロックされた創造のプロセスについての質問

1．あなたが人生に強く求めているもので、まだ実現できていないものは？
2．それは幼少期の体験と、どのように関係していますか？
3．あなたは未発達な子どもの意識によって、どんな現実を二元的に捉えていますか？

第4章　人生のもつれを解く

防衛の悪循環は単純なのに、
とても複雑に見せたがる。
悪循環では
いろいろな体験談が何度も何度もくり返される。
どれほどひどい目に遭ってきて、
どれだけ同じ目に遭ってきて、
いかに世が不公平かを語るのだ。

手を変え品を変えて訴えもするだろう。
まるでそれは人生の摂理のようだが
防衛が招く悪循環でしかない。
消化不良の体験がぐるぐる回っているだけだ。

だが、
人生はいつも未知なるものに向かっている。
一瞬ごとが新しく、前とは違う。
常に共同創作のプロセスが進んでいる。

——ヘヨアン

ブロックのもう一つの見方

幻想を手放して人生のもつれをほぐすことほど難しいワークはないでしょう。じっくりと、真摯に取り組まねばなりません。でも、その価値はじゅうぶんにあります。そんな課題があったことさえ知らなかったと驚くような学びがあるはずです。人生は変わり、望む方向に向かうでしょう。心を決めて腰を据えると、必要な助けはすべて得られます。そうは思えなくても、長い目で見ればわかります。らせん状にコアへと向かう癒しの道を歩むうちに、あなたは美しい光の存在になっていきます。ばらばらだった人生の断片はつながっていきます。調和のとれた視野が広がり、ホログラムのように人生を総体的に捉えるようになるでしょう。

このワークの主要な三ステップ

1. まず、ブロックのもつれをほぐします。ブロックは二元的なエネルギーや信念、防衛に基づいてできています。不愉快な悪循環の根底にはブロックがあります。
2. 賢くてやさしく、愛がある大人の自我をスーパーエゴ（ネガティブな心の声）と入れ替えます。スーパーエゴは学びを励まそうとはせず、自分を厳しく批判します。
3. 二元的な考え方を見直し、現実的でバランスのとれた価値観と入れ替え、新しい生き方の基礎を作ります。これについては次の章で詳しく説明します。私はこれらのコンセプトを「結合力のある（ユニティブな）コンセプト」と呼んでいます。

ブロックの形成によるもつれ

誕生の前提条件：恐怖を感じた時にブロックができる過程を前の章で説きました。次は、生まれる前にブロックが形成される過程を説明します。あなたは自分と自分の生体エネルギー意識体系（HECS）に、ある前提条件をもって生まれてきます。この前提条件は「傾向」とも呼べます。

生まれる前のブロック形成

あなたは前提された傾向と共に、肉体を得て生まれてきます。子宮の中での発達過程であなたは肉体とつながります。受胎の瞬間からあなたは世界からの影響を受け始めます。どう反応するかはあなたの傾向によります。あなたにとっての世界は子宮であり、母親の肉体です。あなたは母親が体験するものすべてに影響を受けます。

あなたには母体の内外の音が聞こえます。心臓の音や生理的な反応の音や、生化学的なプロセスの音が聞こえています。ある段階まで発達すると目も見え始めます。私は羊水穿刺中の胎児の映像を見たことがありますが、針が入ると胎児は首をかしげて針を見て、手でつかみました。『誕生を記憶する子どもたち』（春秋社）の著者デーヴィッド・チェンバレン博士はそのようなストーリーを多くご存じです。彼は胎内で双子が互いにゲームをするのを見たそうです。私が好きな逸話は胎嚢《たいのう》の膜を隔ててキスをする双子の話です。彼らは誕生して幼児になると、物干し竿に干されたシーツ越しにキスをして遊んでいたそうです。このような話題についてはトマス・バーニーの『胎児は見ている——最新医学が証した神秘の胎内生活』（祥伝社）も優れた本です。

新生児から乳児期のブロック形成

誕生すると、新生児の生体エネルギーフィールド（ＨＥＦ）は初めて母親のＨＥＦの「外」のフィールド――宇宙エネルギーフィールド（ＵＥＦ）――にさらされます。何かを体験するたびに新生児のフィールドは緊張します。成長につれてエネルギーフィールドも成長し、外のフィールドに刺激を受けるたびに緊張して色や形を増やし、安定してきます。身近な家族のＨＥＦにもインパクトを受けます。

幼児が両親の痛みを感じ取った時に最初に見せる反応は痛みを取り除いて癒そうとすることです。非常に幼いうちは防衛システムがほとんど形成されていません。両親のことが大好きで、助けようとします。成長するにつれて家族の中にある歪みに影響を受けて変わります。

幼児期以後のブロック形成

子どもは成長するにつれ、苦痛を避けるために防衛のパターンを形成します。ちょうど活動性が増し、好奇心からさまざまなものに手を伸ばす時期でもあります。二歳か三歳までに大人から「だめ」と言われる回数は約六万回とも言われます。

苦痛を避けるためだけでなく、ほしいものを手に入れるために周囲を操る時にも防衛が働きます。子どもは家族構成の中でうまくいく防衛システムを培います。家族の慣習に従う時に、うまくいく方法を無意識に習得するのです。けれどもそれが防衛である限り、二元性に基づいています。

つまり、子どもはエネルギー意識を分離せざるを得ないのです。

二元性を身につけた子どもは苦痛を感じるたびに、傷の中に痛みを圧縮していきます。傷は防衛で覆われ、エネルギーフィールドにブロックを作ります。「類は友を呼ぶ」法則に従って苦痛は蓄積し、防衛もさらに激しくなります。生活を続ける中でHEFの歪みもブロックも大きくなります。フィールドで苦痛を循環させるたびにブロックは強固になり、悪循環が生まれます。たとえば、見捨てられて苦痛を感じた子どもは成人後も見捨てられる状況を引き寄せ続ける可能性があります。虐待を受けた子どもは成人後も被虐的な状況を引き寄せる可能性があります。あなたも自分で思い当たることがあるでしょう。その根底には「私は悪い」といった二元的な信念体系があるかもしれません。

絶望と落胆と自己放棄の悪循環

第3章で述べたように、悪循環とエモーショナル・リアクションについての話はエヴァ・ピエラコスのチャネリングによるパスワークレクチャーが出典です。

もつれ：ブロックが作るもつれは何度も苦痛をもたらす悪循環を生み、私たちを不自由にして創造を妨げます。ここで悪循環について、わかりやすく説明しましょう。私たちが不快な悪循環にはまってしまうのは、自分をホリスティックに捉えられないからです。自分のことを知らず、愛してもおらず、なぜ宇宙／神が苦しみを与えるのかを誤解しているのです。そして、つらい幼児体験の痛みをくり返すまいとして防衛し、よけいに苦しみを引き寄せます。原初の傷にある真の痛みをかばおうとして、さらに痛い思いをするのです。私たちが苦しむのは現実に対する誤った見方や間違った信念体系のためです。

私たちは自分が望む人生の創造に反する悪循環をくり返します。このタイプの痛みは「ハードペイン」

と呼ばれています。なぜなら、昔の傷の絶望感を感じまいと身を固くして抵抗することによって生まれる痛みだからです。悪循環の仕組みを知れば、それにはまった時の心理状態がわかります。悪循環を断つ方法もわかり、軌道修正ができます。

それでは、まず、悪循環がたどる段階を説明します。その次の項ではいかに悪循環から脱出して人生を再創造するかについてお話しします。

悪循環の構造

私たちの状態は日によって変わります。コアに落ち着きホールネスに近い状態の日もあれば、コアからもホールネスからも離れている日もあります。外に対する防衛は、内部を一定に保つ恒常性のようなものです。正確に言えば、アンバランスさを一定に保っています。このような言葉を使うのも、私たちがみなコアとホールネスに向かう癒しの道の途中にいるからです。誰もがどこかアンバランスでありながら、たくさんの愛をもって暮らせています。つまり、次のように言えるのです。

肉体をもって生きている限り
ワークをしなくてはなりません。

さらに広い視野に立てば、私たちのライフスタイルもアンバランスさを一定に保っていると言えるでしょう。誰でも怖いことや難しいことを避けがちです。私たちはアンバランスさを維持して暮らしています。それが今の人間の状態です。

図4－1は傷を防衛する時に心理面で起きる悪循環のループを示しています。これでは傷の中を回り続けるだけで、癒されることはありません。ただハードペインがブロックに加わるだけです。悪循環はわかりやすい四つのステップをたどります。

ステップ1＝防衛の第一ライン＝アンバランスな状態で保たれている。
ステップ2＝防衛の第二ライン＝エモーショナル・リアクションと理不尽なリアクションが起きる。
ステップ3＝防衛の第三ライン＝いつものハードペインがくり返される。
ステップ4＝アンバランスな恒常性に戻る。

では、これらのステップを詳しく見ていきましょう。

悪循環のステップ1：自分の外側または内側からのエネルギーがHECSにインパクトを与えます。

1. HECSの外から――伴侶や友人や上司、あるいはあなたを防衛モードに入らせるような言動をする人から。
2. HECSの中から――怖い夢を見たり、うっかりケガをしたり、病気になったりすることから。単に調子が悪い日や、自分でも理由がわからない何か。

このエネルギーがあなたの防衛の第一ラインを突き破り、アンバランスに保たれた状態に干渉します。

悪循環のステップ2：第一ラインを突き破ったエネルギーは防衛の次のラインにインパクトを与え、エモーショナル・リアクション（ER）や理不尽なリアクション（イラショナル・リアクション［IR］）

を引き起こします。どちらも二元的であり、防衛の一環です。

リアクションとレスポンスの違い：ここでリアクションとレスポンスの違いを定義しておきます。ラショナル（理性的な）・レスポンスとフィーリング（感情的な）・レスポンスは現在の状況での現実に即したあり方です。私たちが目の前の現実をありのままに捉えている時は、合理的で素直な感情反応でレスポンスをします。エネルギー意識は自由に流れ、分離もブロックもできません。

一方、エモーショナル・リアクション（ER）とイラショナル・リアクション（IR）は現在の状況における現実には即していません。理性を失い、エモーショナルな反応でリアクションをします。過去にとらわれ、あたかもその過去が目の前で起きているかのようにふるまいます。防衛の第二ラインが活性化してエネルギー意識をブロックして分離させ、二元的になっている状態です。エモーショナルなリアクションはみな非理性的であり、非理性的なリアクションはみなエモーショナルですから、私はまとめて「ER／IR」と呼んでいます。

ER／IRは進化が止まった子どもの意識の信念体系に基づいており、過去の何かを蒸し返しているかのような行動として表れます。ER／IRには次の二つのポイントがあります。

1. 感情と思考のエネルギーが乖離し、二元的になっている。
2. 自分で責任を取らない。他者を責め、要求を突きつける。

図4－2にER／IRの要点と仕組みをまとめました。自分の反応がこれに当てはまるかどうかを見てください。

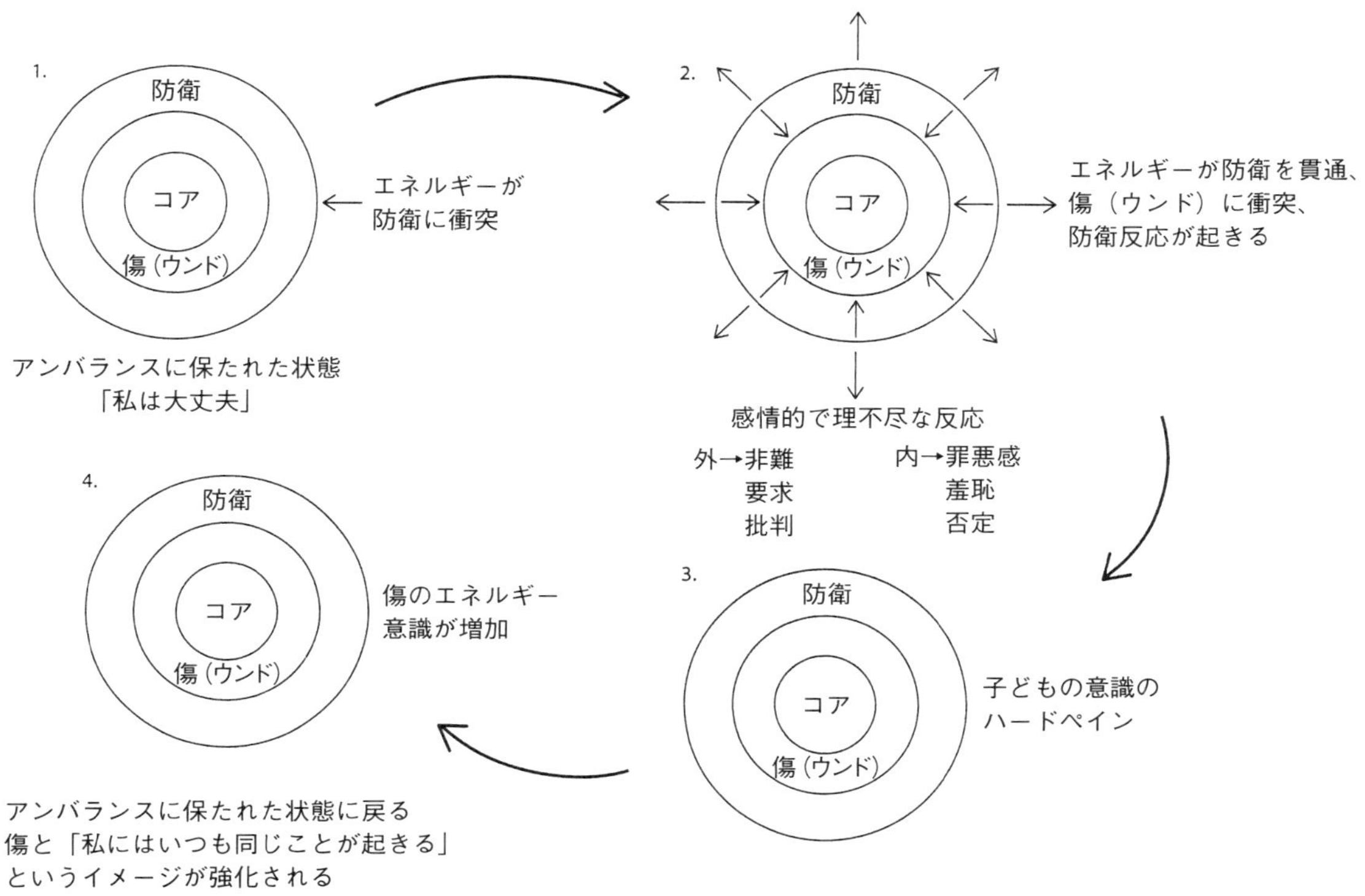
1.
防衛
コア
傷（ウンド）
エネルギーが
防衛に衝突
アンバランスに保たれた状態
「私は大丈夫」
2.
防衛
コア
傷（ウンド）
エネルギーが防衛を貫通、
傷（ウンド）に衝突、
防衛反応が起きる
感情的で理不尽な反応
外→非難
要求
批判
内→罪悪感
羞恥
否定
3.
防衛
コア
傷（ウンド）
子どもの意識の
ハードペイン
4.
防衛
コア
傷（ウンド）
傷のエネルギー
意識が増加
アンバランスに保たれた状態に戻る
傷と「私にはいつも同じことが起きる」
というイメージが強化される

図4－1　悪循環が子どもの意識を強化する

悪循環のステップ3：非難や要求を続けるうちに無力さや絶望を感じ、ハードペインが起きます。創造のパワーを他人に明け渡しているからです。自分の自由意志を放棄して、誰かに責任を取らせようとしているから無力なのです。「ああ、いやだ！　また同じことが起きた。どうせこうなると思っていた」と思うから絶望するのです。いくら他人を責めようと何かを要求しようとうまくいかないでしょうし、うまくいくはずがありません。状況は行き止まりだと感じるでしょう。しかし、それは「この」状況ではなく「あなたの」状況です。その状況を維持しているのは相手ではなくあなた自身です。人生に変化をもたらすには、他人を変えようとせず、自分が変わらなくてはなりません。

悪循環のステップ4：自分が変わるべきだと気づかなければ、相手との気まずいやりとりやケンカを経て傷はさらに深くなり、ERは静まり、再び悪循環のステップ1のアンバランスな安定状態に戻ります。しかし、HEFではリアクションへのエネルギーの通り道が強化され、さらに悪循環が起こりやすくなります。習慣は定着しやすいため、悪循環のリアクションをくり返すたびにパターン化が進みます。

悪循環を断つ

最初のうちは悪循環を断つのはたいへん難しいでしょう。未知の領域に踏み出すのですからただ恐ろしく、また、かたくなに否定してきた無力さや絶望をもただ感じる以外にありません。悪循環を断てば創造的で愛にあふれた自由な生き方に向かえます。どうなるかと不安でつらくてたまらないでしょうが、勇気を奮って痛みに身をまかせることができた時、すべてが変わります。

悪循環を断つ過程になじんだら、著しい結果が表れます。ブロックや傷の中にとらわれていた創造的な愛のエネルギーが解放されます。悪循環を一つずつ打ち破るたびに新しい生き方へと踏み出し、らせ

1 ER／IR は自分の内面または外の出来事に触発されて起きる。

2 ER／IR は「外側の」世界の「現在の状況」とは何の関係もない。

3 ER／IR を転移させている相手や状況や出来事が ER／IR の原因だとみなされている。

4 ER／IR は客観的ではない。

5 ER／IR の最中にいる人と客観的なコミュニケーションをとることは不可能である。

6 ER／IR を相手にぶつけると、相手を傷つける可能性がある。

7 ER／IR を相手にぶつけながら「少しぐらいはわかってくれ」と訴えると、相手を傷つけるだけでなく、相手にその「少しぐらい」の意味を理解する責任を押しつけることになる。

図4－2　ER／IRの解剖学

ん状にコアへと向かう道を進めます。らせんを一つ回るたびに、創造的な愛のエネルギーがさらに放出されます。らせんを一つ回るたびに、古傷の「ソフトペイン」をただ感じればいいのだとわかってきます。らせんを一つ回るたびに、内面のコアへと向かう時の恐怖に対処できるようになります。ほんの数分間だけソフトペインを感じる方を選ぶか、ハードペインばかりの転生をくり返して絶望し、無力になり、健康的で満ち足りた人生を創造できない方を選ぶかは、一人ひとりの選択にかかっています。

悪循環を断つには理解と努力と信頼、そして真摯に実践することが必要ですが、そのうちに慣れてきます。図4－3は防衛を誘発する状況下で悪循環を断つところを示しています。ER／IRを爆発させる代わりに、古い傷の痛みを解放するためにらせん状に内面に向かうよう、意識的な選択をしています。

悪循環を断つための具体的な手順があります。ステップごとに、さらに詳しく見ていきましょう。

悪循環を断つためのステップ

1. まず、「自分を癒すために、自分のER／IRに気づく」という意図を立てます。自分のER／IRを自覚して対処できるようになることが重要です。

次の点を覚えておいてください。

a. あなたの意識は自分の内面ではなく他人に向いています。今の状況を引き起こした原因はあなたの内面の過程にあります。ER／IRを扱う時は意図を外ではなく内に向けましょう。ER／IRのエネルギーを相手から切り離さなくてはなりません。

b. あなたは相手を責め、相手が変わるべきだと要求しています。

c. あなたは自分の力を放棄しています。相手が変われば自分の人生はうまくいくと思い込んでいま

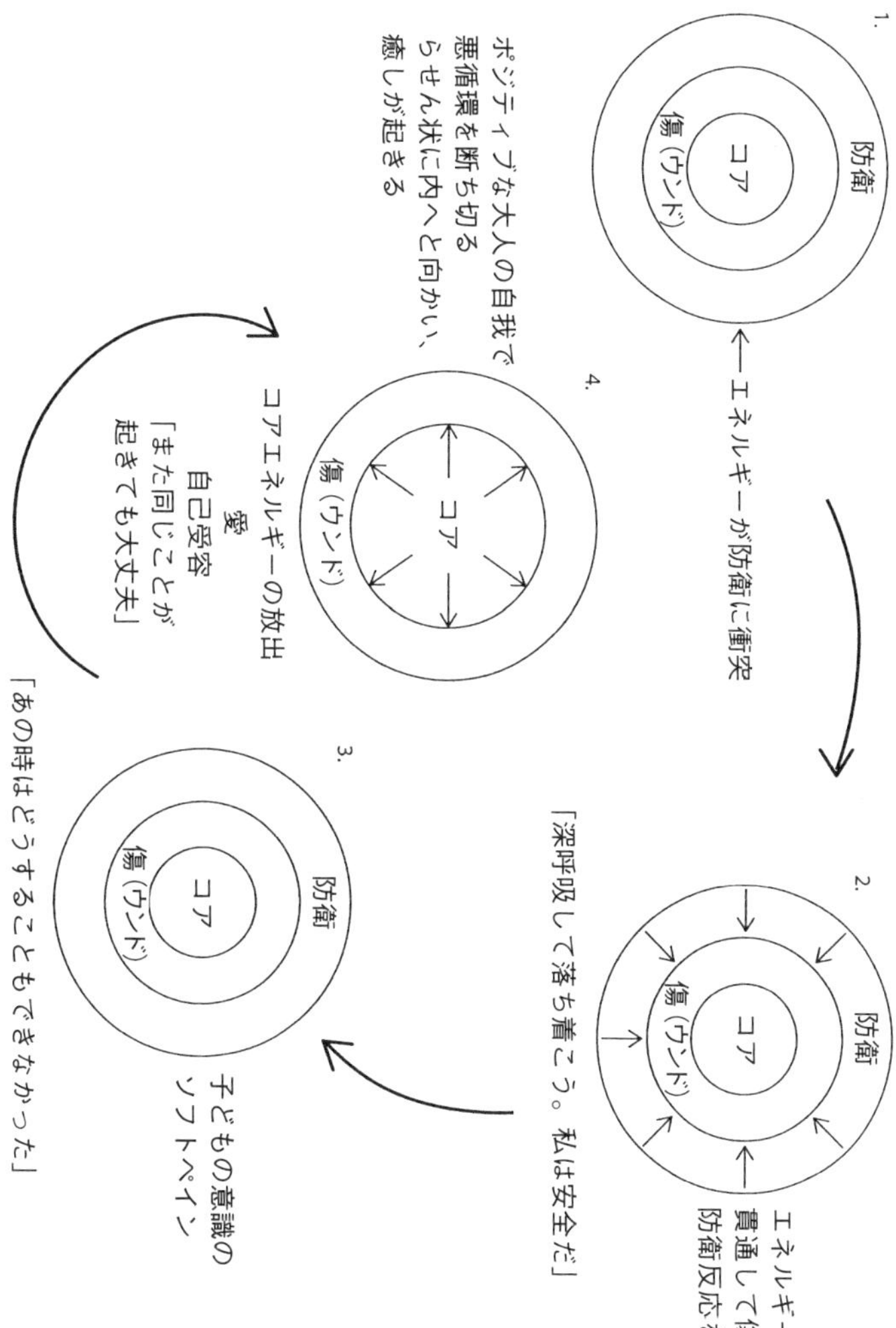
エネルギーが防衛を
貫通して傷に衝突、
防衛反応をしない
「深呼吸して落ち着こう。私は安全だ」

起きても大丈夫」

癒しが起きる

図4－3　悪循環を断ち切り、らせん状にコアへと向かう

すが、あなたが変わるまで何も変わりません。

d. あなたが変わり、自分の人生に自分で責任を取るまで悪循環は続きます。

2. ER／IRをしている本人が自分で対処をする責任があります。ER／IRはまだ発達していない子どもの意識の表れだと認識しましょう。

3. 親しい人に対する習慣的な悪循環を断つには、ER／IRを起こしている最中にけっして関わり続けようとしないことです。それはほぼうまくいきません。勇気を振り絞って自分のER／IRを認め、とにかく止めましょう。相手とのやりとりを中断してください。あらかじめ相手に断ってからやりとりを中断し、その場を離れましょう。言い争いが突然決裂したように見えないように、相手にも同意を得ることが重要です。練習が必要ですが、慣れればうまくできるようになります。そのうちに、ER／IRを起こす前に相手に伝えられるようになるでしょう。相手にとっても受け入れやすい言い方を考えておくとよいでしょう。例を挙げます。

a.「ERを起こしそう。ちょっと席を外すよ。また戻ってくるね！」

b.「今はERだから一人になるわ。後で話しましょう」

c.「少し落ち着く時間をとるよ」

こうすれば言い過ぎを防ぎ、あなたも相手も傷つかなくて済みます。あなたが悪循環を止めようとしていることを前もって相手にも伝えることが大切なのはこのためです。

4. 相手と言い争いになった時に気をつけるポイントは他にもあります。いくらかの練習と相手の積極的な合意も必要ですが、効果的です。

a. 通路をふさがないこと。相手はあたかも閉じ込められたようになり、恐怖を感じる可能性があります。

b．物を拾い上げないこと。これも相手を怖がらせる可能性があります。相手にも意識の中に幼い部分があるかもしれず、あなたが拾った物で何をするか、ネガティブな推測をとっさにしてしまうかもしれません。

c．その時に何を求めていたとしても、あきらめること。お互いに落ち着いた時に話すことにしよう、と自分に言い聞かせましょう。

d．傷つくことを言われたら、昔からある心の痛みをただ感じること。あなたが相手を傷つける発言をしたなら、自分が与えた心の痛みを見つめること。自分にも相手にも謝りましょう。発言をした時に自分の心の痛みをかばおうとしていたとしたら、どのような痛みでしょうか？　未熟な意識のために失言をしたことを相手に伝え、自分を許しましょう。

e．このプロセスは愛のある自我を育みます。ここに挙げたような成熟した選択ができるようになっていきます。

5．相手に向けていた意識をあなたの内面に向け、ゆっくりと深い癒しの時間が取れるなら、そうしてください。それが難しいなら、不愉快なER／IRのことはいったん脇に置き、大人の自我を意識しながらしばらく何か他のことをしましょう。再びERを爆発させないようにするにはスキルと練習が必要です。自己ヒーリングの時間と余裕があれば、次のようにしてください。心を落ち着け、意識を問題の発端に向けます。そこには傷があり、傷の中には二元的なエネルギーがあります。傷の中の痛みに沈み込むようにして深く感じれば、二つに分かれたエネルギーが合わさり、ソフトな痛みに変わっていくでしょう。なぜなら、それがホールネスへのステップだからです。意識を内面に向けて傷の中にある恐れや怒りを感じることが癒しです。その感情や痛みは昔、状況を変える力がなかった幼い頃のものです。あなたが子どもだった頃、それはとてもひどいことに感じたでしょう。今、あなたは自分の無力さに耐えうる力があるのです。過去をあるがままに捉え、その真実を認め、自分を愛して痛みを手放すだけで心はやすらぎます。傷の奥深くにとらわれていたものは、いくつもの過去生を経てきたものかもしれません。

6. その痛みと共に本来の創造の意図も解放され、コアにある創造のエネルギーも活発に動き始めます。あなたのフィールドは新しいコアエネルギーで輝き始めます。すぐに若々しい気持ちが湧き上がるでしょう。肌には艶が出ます。コアエネルギーの統合には少し時間がかかりますが、継続的なプロセスとして続いていきます。

7. この体験から数週間かけて先入観や信念体系についての気づきが起こり、なぜ自分が防衛をしていたかもわかってきます。また、本当の現実を認識するようになっていきます。

8. 子どもの意識はあなたのフィールドと人生へと解放された後、ゆっくりとその見直しや修正が進んでいきます。

9. ポジティブな大人の自我を育てることも大切です。その前に、それがただ大人のふうを装った子どもの意識になっていないか注意してください。それはスーパーエゴと呼ばれるものです。スーパーエゴとは大人がなぜ「だめ」とか「いけません」などと言ったかを子どもの意識で理解したものです。スーパーエゴはネガティブで、あなたに対してまったくやさしさを見せない権威者の声です。あなたが六歳か七歳だった頃を思い出してみてください。遊びに行きたい時や初めて海を見た時に駆け出した時、両親は心配して大声を上げました。六歳か七歳の子どもはどう感じたでしょうか？子どもがケガをして泣いた時も、親は大声で叱りました。不安が混じった大きな声で「どういうつもりだ」「いい子にしなさい」「ちゃんと考えろ。危ないことはするな」「泣き虫」「男の子は泣いてはだめ」などと言ったでしょう。

では、同じ状況を子どもの目線で見てみましょう。心の中であなたは自分に何と言いますか？　どんなエネルギーを感じますか？　自分がしたことやしなかったことについて自分を責める時、自分に対して何と言いますか？　何が聞こえ、どう感じるでしょうか？　やさしい声ではありませんね。おそらく両親以上に厳しく自分を責めているでしょう。厳しいスーパーエゴの存在に気づくことは大切です。ヘヨアンは次のように言っています。

スーパーエゴ

スーパーエゴの心の声は
偉い人を怖がる子どもの心。
子どもなりに現実を考えて理解し
スーパーエゴを作り出す。
つまり、きみのスーパーエゴは
それ以来、年をとっていない。

スーパーエゴは子どもの頃に
大人が危ないと言ったことから自分を守ろうとする。
きみは大人たちの声を聞き
自分でスーパーエゴを作り出し
こうすれば大丈夫だろうと思い込む。

それは本当なのか考え直してごらん！
未熟な子どもの意識のままで
心に響くネガティブな声は
きみになんと言っている？
どれだけ頻繁に自分を批判しているか！

調和から逃げてしまった時は
その選択をただ残念に思って
ソフトペインを感じればいい。
それに抵抗するから自己批判が起きる。

スーパーエゴの
言葉に気づこう、
その言葉がしゃべっているのは二元性。

きみを批判しているものとはスーパーエゴだ！
スーパーエゴは人生のつらい体験を
受け入れようとしない。
きみの失敗を許さずに、
一つひとつあげつらう。

きみの学びも尊重しないし
学ぶ時間も与えない。

そんなにうるさい権威者なんか
いなくたってかまわない、と考えてごらんなさい。

よい子になるには叱られるべき、と
きみに思い込ませたのは
スーパーエゴだ。
そんなばかな、ときみも思うだろう?

自分に厳しくする代わりに
どんな時も考えよう、
どうすればいいか
自分でもまだわかっていないだけなんだ、と。
きみを批判し、バランスを崩させて
その学びを邪魔するのがスーパーエゴだ。

スーパーエゴについてのヘヨアンからの宿題
●きみのスーパーエゴはどんなふうにバランスを崩させるか?

●きみはどんなふうに自分を叱ってバランスを崩しているか？
●解消のしかたがわからない不満はあるか？
●その不満とスーパーエゴの関係は？

権威に対するポジティブな大人の自我を培う

スーパーエゴは批判的な心の声であり、権威に対する子どもの意識の反応ですから、健全な大人の自我と入れ替えることが必要です。大人としての自我の発達は健康と幸福に不可欠です。大人の自我とはバランスがよくて成熟した、親切で愛のある自我です。思いやりとやさしさがあり、クリアーで強い自我です。それがあれば現実的な目標が設定でき、目的に従って境界線が引けます。生きる上でどうしていくか、自分の意志による選択を調整するのも大人の自我です。そのお手本になる人を探してみるといいでしょう。いつも親切で態度がはっきりしており、落ち着いた人が身近にいれば、その人が他人とどのように関わっているか見てみましょう。特に、目下の人たちの扱い方に注目してください。その人がどのようにして大人の自我を培ったかを直接尋ねてもいいですし、生い立ちや両親の話や目上の人々との関わり方を聞いてもいいでしょう。真実を重んじる態度や親切心、柔和でありながらきっぱりした態度、自他への気配りが重要です。あなたが権威に関するシチュエーションにどう反応するかも観察してください。

1．権威に対してどのような行動や反応をしますか？
2．自分にやさしくできない状況での自分を観察してください。

3．同じ状況で、他人にやさしくするのも難しいですか？

もしもあなたが3で「はい」と答えるなら、あなたはおそらくネガティブな信念にとらわれており、古い傷のために悪循環をしています。その悪循環を探ってみましょう。その状況から思い出す心の傷を探してください。不愉快な気持ちになれば、それをそのまま感じてください。そうしていると、今のあなたが自分や他人に見せている態度は、あなたが幼かった頃の大人の態度と似ていることがはっきりしてくるでしょう。そのネガティブで厳しい声は、子どもの頃の心の痛みを感じさせまいとして、どんなことをしているでしょうか。では、別の方法を試してみましょう。

心の傷を思い出して不安になるシチュエーションにいる時は、自分を責めず、寛容になる練習をしてください。

心の中のポジティブな大人の声はあなたに対してどうするか。いかにそうしたポジティブな大人の自我を作っていけるか。そうしたことを理解するのが最も大切です。権威や支配が世界規模でいかに間違った使われ方をしているかについて、ヘヨアンは次のように言っています。

権力者と選択の自由

世間では

権力の使い方がずいぶんと間違っている。

世界を見てもそうだろう。

「権力者」に逆らうと
厳しい罰を受けることもある。
当然、憤りも生まれるだろう、
生まれながらにもっている
選択の自由の権利が侵害されるなら。

きみが何を選ぶかは
きみが権力者をどう見るかで歪む。
きみの心の中の権力者が
きみ自身の選択を司《つかさど》るとしたら、どうだろう。

きみは選択の自由をどう使う?
きみの心の中の権力者は
きみを思いやり、やさしく
統制するだろうか?

きみの心の中の権力者は
きみが自分なりの真実を探すために
ゆっくりと心を見つめる

余裕を与えてくれているか？

まさに理想の生き方とする
至上の歓びと愛の暮らしへと
歩ませてくれる
親切で愛情深い権力者はきみの心にいるか？

あるがままの自分でいい、
そのままの自分を愛せばいいと
思い出させてくれる、
広い心をもつ権力者はきみの心にいるか？

素敵なきみがそのままに成長するように、
その素敵さが自然ににじみ出るように、
きみは自分に余裕を与えているか？

愛や疑問や
創造の力の表現を
きみは自分に許しているか？

大人の自我を培うワーク

大人の自我を培うことは
創造のパルスと
内面を信じることだ。
そして意識を内面に向け
ホールネスを学ぶことだ。

創造のプロセスが理解できれば大人の自我が働き、ホールネスと信頼と真実に基づいて健康的でホリスティックな生き方が選択できる、とヘヨアンは言っています。毎分、毎日、毎年、そして転生のたびに、あらゆる選択を自らの意志でおこなうということです。

寛大ですこやかな大人の自我の大切さがおわかりになったでしょうか？　自分でおこなう選択の一つひとつが、いかに愛のある創造の力を使うかの選択です。一つひとつの選択は生き方の選択です。二元的な選択をすれば創造のエネルギーは分離し、創造の力は弱まります。それは分離や別離、不信や苦痛を生みます。ホリスティックな選択をすれば創造的な能力は伸び、ふれあいや絆や交流を生み、さらなる愛や歓びや自尊心を生み出します。

次の章では結合力のある（ユニティブな）コンセプトと、長年にわたってヘヨアンが教えてくれた原理についてのチャネリングを編集して掲載します。望みどおりの人生を創造するための基礎づくりの参考にしてください。

第4章の復習　「もつれ」についての質問

1. あなたの人生の前提条件を列挙してください。
2. 胎内にいた時にできた可能性のあるブロックを列挙してください。
3. 生後まもなくできた可能性のあるブロックを列挙してください。両親が当時どんな環境にいたかを知らない場合、可能であれば尋ねてみましょう。
4. 幼少期にできたブロックを列挙してください。子どもの頃の写真を見てみましょう。何か気づくことはありますか？
5. 幼少期に苦しい思いをした記憶を思い出してみてください。その時あなたはどんなブロックを作りましたか？
6. 悪循環の仕組みを復習しましょう。あなたの悪循環の四ステップはどのようなものでしょうか？今、最も陥りやすいステップを挙げてください。

第5章　人生の再創造のためのツール

ホリスティックな概念

私は一九八〇年代の初めからヘヨアンの講義をチャネリングしてきました。言葉や内容の時系列はばらばらで詩のようになっており、私のヒーリングのスピリチュアル面の基盤になっています。新しくて広く、ホリスティックでスピリチュアルな考え方が提示されており、私たちの精神や宗教や実生活についての価値観が揺さぶられます。ヘヨアンの講義は一九九八年から毎年 *Seeds of the Spirit*（『スピリットの種』）というシリーズの冊子で出版しています。ヘヨアンは言葉によって――散文や韻文の詩によって――膠着した二元的なリアリティからホリスティックな考え方やあり方へといざない、人生を創造し直す手引きをしてくれています。彼は時々大胆に、私たちが自分自身や他の人々に対してタブーとしていることにも言及します。ヘヨアンは今よりも広い視野で人生の再創造を見渡し、自分を見つめて体験することを教えています。

この章と第19章（下巻）でヘヨアンの教えのいくつかを、学校で生徒たちに語るのと似た形式で掲載します。言葉はスピリチュアルな世界の視点から直接降りてきて、私たち一人ひとりに向けられていま す。ヘヨアンの講義をチャネリングする時、私にはヘヨアンが「光の議会」と名乗るガイドたちを伴って現れるのが見えています。彼らはたまにステージの右側のテーブルのまわりに集まり、私を介して伝えるレクチャーを準備するかのように書類を整理します。また、ヘヨアンは創案者として「私はこれをあなたに言う」と言う代わりに、次のように主語を複数にする時もあります。

「私たちはこれをあなたに言う」

この章の以後の部分でヘヨアンは生体エネルギー意識体系（HECS）についてかなりの情報を教えていますから、第2章のHECSと創造のプロセスをしっかりと思い出してください。創造のプロセスにおいて、人が心理面とスピリチュアル面での体験から引き出す結果を論理的に説明しています。傷や悪循環、エモーショナル・リアクション、心の声やスーパーエゴなど、創造の流れをブロックするものに対する温かい取り組み方もヘヨアンが示します。ブロックから自由になれば、コアから湧き上がる創造のパルスに従い、歓びや愛が体験できるでしょう。

傷と防衛の創造

幼い子どもは防衛をしない。大人はそれをわかっていない。幼いきみは元気いっぱい、生命力を躍動させる。飛び跳ね、笑い、大声を上げて大人を困らせる。お行儀よくはしていない。だから怖い声でしつけられるのだ。静かにしなさい、それはダメ、と。だが、その行為がダメなのか、自分のことがダメなのかが幼い子にはわからない。だから大人が歩き方や食事の作法を教える時、子どもの意識はこう受け取る。「ぼくは間違っている。ぼくは悪い。ぼくは合格点じゃない。ぼくはじゅうぶんにもらえない。ぼくは間違ってしまうから一人じゃできない。みんなちゃんとしているから、ぼくもちゃんとしなきゃ」。子どもは必死に自分をとりつくろうようになる。すると、どうなる？ あの元気な生命力は消えたのか？ 生命力はまだそこにある。なんでもやってみようと思う元気は、自分を守るための策略とネガティブな考えにとらわれてしまうのだ。

悪循環

選択の余地がないと思える時は多いだろう。しきたりやしつけや教育、宗教や生い立ちなどは変えられそうにない。だが、変化の手順はシンプルだ。防衛よりもソフトペインを感じる方を選ぶだけ。すると、人生とは精神の歩みなのだとわかるようになる。

防衛の悪循環は単純なのに、とても複雑に見せたがる。悪循環ではいろいろな体験談が何度も何度もくり返される。どれほどひどい目に遭ってきて、どれだけ同じ目に遭ってきて、いかに世が不公平かを語るのだ。手を変え品を変えて訴えもするだろう。

まるでそれは人生の摂理のようだが
防衛が招く悪循環でしかない。
消化不良の体験がぐるぐる回っているだけだ。

だが、
人生はいつも未知なるものに向かっている。

一瞬ごとが新しく、前とは違う。
常に共同創作のプロセスが進んでいる。

防衛をしている限り真の解決には至らず、悪循環にとらわれる。最初に感じたソフトな痛みを感じるだけで創造の力は解き放たれて人生は変わり、らせん状に癒しへ向かう。
その場で瞬時に気づけるように、あらゆる学びを活かしなさい。ホールネスから二元性に切り替わってしまった瞬間に気づきなさい。きみは気づけるようになる。はっきりと意識して、なじんでいこう。それはきみが、自分にトラウマができた三次元の時空に落ちる瞬間だ。それに気づけるようになれば、はっきりと意図的に、二元的な自分にならない選択ができる。ホリスティックなあり方を選び、きみの神聖なコアから湧き出る共同創造の素晴らしいプロセスに向かえる。
それは、つまり、目覚めのプロセスだ。いわゆる時空の制限の外にずっとある、ここにある今に目覚めることだ。

かつてないほど開けた
未来のことを考えてごらん。
それは、実は、自己へと歩むことなのだ。
光に向かい、
きみの中にある生命と創造の源へと向かう歩みだ。

創造的な癒しのサイクル

このサイクルをたどるのは
たやすくないが、
よいものだし、癒されるから
ゆっくりと、するといい――
まず願望の悪循環を理解して、
次に、その願望を叩き壊す自己批判を理解しよう。

だが、意図のとおりに
ポジティブな選択をして
願望に向かって前進すれば
きみのコアエッセンスは自由になる。
そのコアエッセンスこそ
望むものを創造して目的を果たすために必要なもの。

これらはみな、きみの存在の
四つの次元の中にある。

あらゆる痛みは
創造のパルスを通して流れる
愛の創造の力を使ううちに癒えていく。

ふくらみ、静止し、しぼみ、静止し
ふくらみ、静止し、しぼみ、静止し。

これこそが、ずっとある生命の創造のパルスだ。

自分で痛みを作り出す仕組み

きみは幼児体験そのものよりも、余分に痛みを作り出していないだろうか。現世か過去生の幼少期、あるいはすべての過去生を合わせたものよりも。痛みを作っているのはきみが自分を拒絶しているからだ。自分に対する拒絶を元々の傷に向けている。自分を拒絶し、批判し、傷をめぐって自分でハードペインを作り出している。このハードペインは厄介だ。毒々しくて辛辣《しんらつ》だ。そこに飛び込み、傷に触れるには勇気が必要。だが、降伏してその中に入ってみれば、すべてが変わる。

そう、それは確かに深い痛み。初めはとても不安だろう――なぜならきみは何世紀もそこから離れていたのだからね。無垢《むく》な子どもの意識で感じてみれば、痛みはソフトで甘く、生命のパルスと共に響くだろう。そこから共同創造のパルスが解放される。それはおそらく何世紀も触れてこなかった場所だ。そう、ハードペインを避けては通れない。だが、痛いのは一瞬だ。ハードペインとは抵抗なのだから。

ハードペイン、ソフトペイン
ハードペインは
二元的に分かれたものが
合わさることに抵抗する痛み。

抵抗をくぐり抜け
昔の傷のソフトな痛みを感じれば
大きな成果が得られる。
二元的に分かれたものを
元どおりにできる。

両者の違いを覚えておこう。
ソフトペインは幼い頃の傷の痛み、
ハードペインは抵抗。
こう考えなさい、こうしなさいと
人間がみな厳しく叩き込まれることへの抵抗。
きみの魂の肥やしには、まったくならない。

むしろ、それは二元的な分離を保ち
よけいにハードな痛みを生み
傷のまわりに殻を作る。

その殻を突き破り
心の中の壁の向こうに入れたら

きみはきっと気づくだろう、
そこにある子どもの意識の
なんとかわいく、繊細であることか。

きみの心は若返る。
なぜならば、二つに分かれた
創造力のエネルギー意識が
若かった時のままで
きみの中に合流するのだから。
いくつもの過去生で、あるいは現世で
置き去りになっていた創造の力を取り戻すからだ。

エモーショナル・リアクションの根源
エモーショナル・リアクションは
きみの中の二元性か、
何かの出来事によって発火する。
だが、エモーショナル・リアクションは
そうしたものに発火させられているだけ。
根源とは違う。

あらゆるエモーショナル・リアクションと
批判の根源は内面にある。
きみの中で切り離されて
タイムカプセルに詰められた
わだかまりや先入観やイメージや現実に対する信念だ。
これらはみな、ばらばらの断片だ。
これらがきみの創造の半分を占めている。
思考の半分が、まだばらばらのままなのだ。

だから、それらに力強さはない。
きみの存在のあらゆる部分が
崇高に支えられて
どこまでも調和できることに比べたら
子どものお遊びに過ぎない。

エモーショナル・リアクションとイラショナル・リアクションを無力化する

長年続いたエモーショナル・リアクションとイラショナル・リアクションの問題は、もう、たいしたことではないと考えていいだろう。表面的に起きているだけの防衛なのだから。自分と他人にそれが起きた時にはわかる。自分はひどいことをしたのだろうかと悩む必要などない。きみに秘密を教えよう。自分や誰かが理不尽な感情を見せた時はこう言えばいい。さあ、言ってごらん。「ああ！　それはエモーショナル／イラショナル・リアクションだ。ふうん、まったく、つまらない。気にするだけ時間の無駄さ！」

エモーショナル・リアクションや
イラショナル・リアクションを真に受けるのは時間の無駄。
どれほどつまらないかに気づきなさい！

本物の痛みはずっと前に作られた。エモーショナル・リアクションやイラショナル・リアクション、自己批判の痛みを何度くり返しても癒しにはならない。その痛みに気をとられている限り、きみはそこに癒しを求めるかもしれないが。この痛みは消えないのだから「頑張って吹っ切らなきゃ」と思うかもしれないが（きみが何を言っているかが我々にはよくわからないのだが、よく考えればきみもわかっていないだろう）。

ハードペインが起きるのは
今、この瞬間に
心の奥でソフトペインを感じるための
準備がまだか、不安に感じているか。
ただそれだけのこと。

また、次のことも考えてみてほしい。

誰かがエモーショナル・リアクションや
イラショナル・リアクションを起こして
めちゃくちゃなエネルギーをぶつけてきたら、
自分のコアを感じて落ち着くこと。

防衛はいかにすばやく起きることか。特に、子どもの時に家族の中でくり返されていたことに対する防衛だ。子どもの頃にしていた防衛は、大人になれば必要ない。
コアに入って全体につながり直し、自分の存在を丸ごと感じれば、理不尽な感情の爆発は——自分のものも、他人のものも——取るに足らないものになる。自分の真の反応を見つけるために、落ち着いて内面に向かえるかどうかが試される。自分の中に光と真実、神聖な意志を見つけなさい。きみには力と選択の自由があり、考えて知るのと同時に気持ちを感じる能力がある。きみには存在の力と愛の力がある。はるか昔の心の痛みを感じる力があり、それはきみを歓びへ、生命の創造の流れへと解き放つ。

コアへと向かうらせん状の癒しの過程はシンプルだ。
それは一瞬ごとの選択にある。
きみが一瞬ごとに何を選ぶかだ。

成長のスパイラル

成長は量子飛躍的に起きる。らせん状の癒しの過程は直線の時系列では起きない。何年も、何十年も同じワークをしていることに気づき、これじゃなんにも変わらないじゃないかと思う時もあるだろう。いつか、ふと、その思いが去ったと感じる時がくる。そのエリアがクリアーになっているのに気づくのだ。そのような時が本当にやってくる。私たちが保証しよう。おそらくきみが想像も理解もできなかった、意外な形で変化は訪れる。とんでもないタイミングでそれが起き、最悪だと思った出来事が最高の出来事に変わる時もある。

自分に対するネガティブな評価は——自分のせいだとか、自分には何かが欠けている（と自分では思っている）という批判——子どもの意識によるものではないだろうか。大人になりきっていない意識のことだ。きみが悩んでいることはみな——何年も、あるいは生まれてからずっと——私たちはまったく異なる光の中で、まったく別の見方をしている。きみが自分でいやだと思う部分や恥じている部分、ひた隠しに隠している部分はみな、分離した部分なのだ。それはエネルギーであり意識だ。はるか昔の過去生で二つに分かれたエネルギー意識だ。それ以来、きみは健康的でホリスティックな見方で自分を認識できず、見ることも聞くことも知ることも理解することもできずにいる。たぶん千年前から自分を批判してきただろう。ひどい行為を重ねた自分を責めると同時に、自分を責めるハードペインを否定してきたのだ。

ネガティブな心の声に対処する

まず、傷を感じて向き合うと、こんなに悩むなんて恥ずかしいと思うだろう。落ち込んだ自分をあざ笑い「ああ、こんな風に感じちゃだめだ。みっともないぞ」などと言うだろう。

そうしたネガティブな心の声に聞き覚えがあるはずだ。その声は内なるネガティブな支配者、スーパーエゴ、内在化された両親などと呼ばれている。子どもの目線で聞いている声だ。内にある子どもの意識が聞く声だから、それは単純化されている。子どもの頃に傷ついて、現実とはこういうものだときみは思った。成長過程で大人のネガティブな声をたくさん聞いてきた（現世または過去生で）。その声を聞き、その言い方を聞き、自分でも使い、身につけた。それはまだきみの傷の中にある。二つに分かれ、粉々に割れた子どもの意識の言語だ。きみはその割れ目のふちでハードペインを感じ、ネガティブな声を聞く。まず、その声を聞き、それは真実ではないと認識してほしい。

らせん状に進んでまた傷や不愉快な体験と向き合おうとするたびに、それらの声はまだ聞こえてくるだろう。役立つ瞑想のテクニックはたくさんある。それらの声を聞き取って「これが、例のあれか」と思って何か名前をつけなさい。ただ名づけるだけでいい。ネガティブな声が聞こえ続けたとしても、名前をつけることはできる。だめだ、まだ聞こえると思って自分を責めないこと。でないとまた悪循環にはまってしまうから。だから、止めようとして頑張るよりは、まず聞き取って名前をつけよう。そして忘れてしまおう。ああ、まだグチグチ言っているさ。この前はこんなふうにダメだった、だからまた怒られるぞ、ひどいことになるぞ、と。その声は真の痛みをカプセルに包む防衛だ。その声がハードペインを作るのだ。それはとても、とても厳しい、自分を裁く苦しい痛みだ。だから聞き取るといい。「これが例のあれか」と認め、とても幼い子どもの意識がやみくもに自分をかばおうとしているのだと認識しよう。だから理不尽なのだ。その声がどれだけ強くてしつこいかに気がつけば、幼い頃にきみがどれだけ傷ついていたかがわかるだろう。

創造の力に対するスーパーエゴの干渉

幼児体験の痛みを感じ、叱られたことや責める言葉を自分がどう受け取ったかに気づけば、それが自分のスーパーエゴだとわかるだろう。スーパーエゴがいかに創造のプロセスに干渉するかを知れば役に立つ。

愛の創造の力、
今という瞬間の創造のプロセスは
きみの中から
尊い望みの翼に乗って
尊い願いにスパークされて生まれ出る。

これが創造の鍵。
愛の創造の力を湧き上がらせよう、
きみの尊い望みに向かって
自分を表現するために。

きみなりに自分を愛して
創造することは
他ならぬ、きみにしかできないことだ。

合言葉を作る

では、きみたちは、自分の心の声に気づく以外に何ができるだろうか？　ネガティブな心の声を聞き、それに気づいて名づければ、それに対していろいろできる。後で名前を変えてもかまわない。違う呼び名を考える時、自分の思いが変わったことに驚くはずだ。

ネガティブな声に気づいたら、それを癒す合言葉を作ってもよいだろう。効果的な呪文のような言葉をすでに考えた人もいるだろう。それとは別に、覚えておきたい言葉がある。それはきみの本質を表すコアクオリティの一つを表す言葉だ。きみがしっかりと自分の本質を知り、感じて、見て、聞いて、肌身で体験できるようになるために。

何度も唱えるコアクオリティを一つ見つけなさい。それが何であれ、一つの単語に凝縮しなさい。複数の単語を連ねたものは、必ず一語に凝縮しよう。きみのコアクオリティはコアライトが広がる助けになる。きみの意図や目的やオーラのフィールドいっぱいに、次元を、肉体や物質を超えて上昇する光を助ける。ネガティブな声を見つけながらコアクオリティを何度も唱えるうちに、とても落ち着く境地にたどり着くだろう。

それでは今、コアエッセンスの中心に意識を向けて、コアクオリティを感じて、見て、聞いて、匂いを嗅ぎ、触れてごらん。それはコアスターの中心にある。第三チャクラと第四チャクラの中間だ。コアライトを見つけてごらん。らせんを描いて入っていこう。そして全方向に放射しよう。

では、一つひとつのチャクラの中心を意識しよう。チャクラの先端が合わさるところにコアエッセンスを感じてごらん。それができたら、一つひとつのチャクラの中心にコアエッセンスが湧き上がるのを感じてごらん。次は、身体の細胞に。きみの身体と存在の細胞一つひとつにエッセンスを感じてごらん。

この瞑想がどれだけできても、できなくても、ゆっくりと時間をかけること。自分はだめだという考えは手放そう。

コアクオリティを表す単語を唱えれば、きみはあらゆる細胞に湧き上がるコアライトを感じるだろう。それと同時にネガティブな声が聞こえることもあるだろう。その声につけた名前はきみがコアエッセンスに近づくにつれて変わっていく。
では、この瞑想に入ったままの状態で、いつも思い浮かぶネガティブな心の声を一つ挙げてごらん。コアエッセンスを維持しながら、それに名前をつけてごらん。よし。コアを表す言葉を見つけて。わからなければ、ネガティブな声とコアエッセンスを同時に感じていてほしい。両方を意識して。
過去を振り返れば、言葉にできず理解もできない体験があるものだ。その多くはコアエッセンスとネガティブな声が重なって聞こえたり、見えたりしているのが原因だ。その体験は若い人にはとても苦しいもの。幼い頃、きみはそれが何だかわからず、自分を半分に引き裂いた。わざとではない――その体験をホールネスに活かす方法を知らなかっただけのこと。

コアへと下りるスパイラル
癒しの道の先導役は
コアエネルギー、
ハートへと湧き上がり
尊い「今」へときみを運ぶ。

癒しのスパイラルは
傷へと向かい
ブロックを癒して
自他への愛を解き放つ。

私たちはらせん状に傷へと下りてコアを解き放つ。
私たちはコアを知る。
自分と他人の
コアクオリティに気づく。

支えやスピリチュアルな導きは
いつだって、きみのもの。
きみがどこにいても、私たちがついている。
コアクオリティが思い出せるように手助けをする。
きみの心は穏やかになり、愛を感じるだろう。
きみが魂の暗いトンネルに入り――
そこにある心の闇と痛みを――癒そうとする時も。

コアエッセンス
自分の中の二元性を
ていねいにほどいてみると
自分がしていた二元的な解釈と
コアエッセンスとの関係を探るようになるだろう。

体験を二元的に解釈するのは

二元的な価値観があるからだ。
その解釈が溶けて消えれば
純粋なコアエッセンスが残るだろう。
どんな体験をする時も
コアエネルギーこそ創造の力だと
徐々に気づいていくはずだ。

自分を癒すにはコアを知る

人として変わるには、性格だけを変えるのではない。自分のコアを知り、深くつながることが必要だ。いつもの悪循環を自然に観察できるようになれば、悪循環のステップに気づいて自分のコアに戻る練習ができる。悪循環のステップを心得て、突破口を見つけるにはしばらく練習が必要だ。突破口とはきみが力を奮い起こしていつもと違う選択をする時を指す。防衛をやめてソフトペインを感じることを指す。まず、とても傷ついた、幼い頃の小さな痛みを感じなさい。それができたら、きみの尊さから自分を切り離す、真のソフトペインが感じられるだろう。

存在の基盤と共に動く

自分を止める人は自分以外にいないし、自分を大切にするのもまずは自分だ。自分に寄り添い、常に自分に尋ねよう。「今、何ができればいいと思うか?」「自分が望むことは何だろう?」と。ああ、望みや願いはなんと素敵だろう。それが叶えばさらに素敵だ。

きみはクリエイティブだ。鎖を解こう。「自分はだめだ、そんなの無理だ」と無意識に自分を閉じ込める牢屋の鎖は要らないから。内側にあるコアに触れたら、それは本当だとわかるだろう。もちろん、物質界に、はがゆい思いはつきものだ。魂の世界と違って時間がかかる。
そうだとしても、望みに向かってらせんを下る価値はある。きみは真のきみになり、生まれてきた目的を達成するのを自分に許すということだから。その願望を叶えることは、生まれる前からの約束だ。生まれることが決まった時に、きみは身体や心や精神や魂の望みを叶えることを自分に誓ったのだから。

それがきみの真実だ。
きみの存在の根幹をなす
基本的な真実だ。
それを否定することで
悲しみや苦しみが引き起こされる。
きみは自分が本当に必要としていることを否定し、
自分の存在の根本を否定しているのだ。

だから、きみが必要としているものは何で、望みは何か、もっとはっきりと気づいてほしい。一つひとつを満たす許可を自分に与えなさい。存在のあらゆるエリアで自分を大切にしてほしい。
そして最後に、愛と歓びを忘れずに！　創造の力は愛と歓びの原理に基づいているとヘヨアンは伝えています。

創造の歓び
人間の最も大きな歓びの一つは次のような創造体験だ。

創造は絶えず進化し
終わることはない。
創造は形だけではなく
光や色だけでもない。
創造は空間／時間の軸や
その他のスピリチュアルな世界での
顕在化だけとも限らない。
創造のプロセスで
きみは驚きと歓びも創り出す。

「ユリーカ（わかった）！」と叫んで目覚めると、大きな歓びと共に、エネルギーは肉体や生体エネルギーフィールド、精神や存在の中を駆けめぐる。超新星爆発のように輝く気づきが生まれる！

創造の歓びを解放しよう
親愛なる、心やさしい友へ。
きみは何を希求する？

何を強く求めている？
人生で何を創造したい？
誰と一緒に創造したい？
それをどう創造したい？
スーパーエゴの厳しい声は捨ててしまおう。
歓喜と欲望を奮い起こそう。今、この時に。

人はたいてい遠慮がち。
真の創造力が聖なる欲望の経路を流れる時の
元気と興奮を
見られまいと照れるのだ。

きみの尊い望みは
きみのハートにつながっている。
そこは愛が生まれるところ、
コアエッセンスから湧き上がる。

コアスターの核心には
まだ分かれていない生命と生命力がある。
きみの存在の核心から放たれる輝きは

全方向に、限りなく
あらゆるレベルを通して表れる。

コアの創造

今一度、目的に合わせよう。
生まれてきた目的に、
今回、現世に生まれてきた目的に。
きみの素晴らしい肉体の中に意識を落ち着かせ
あらゆる細胞の光を感じて。
コアスターは一つひとつの細胞に、
一つひとつの臓器にある。
その光を感じよう。
とてつもなく深い
コアスターから湧き上がり
きみの存在を駆け抜ける光を感じよう。

人生で何を創造したい？
よい目的を設定しよう。
嘆きや悲しみや絶望は捨てよう。
それは無理だとか、自分はだめだとか、

変わりたくないとか、
変えるとよくないことが起きるかも、と恐れる気持ちも
手放そう。

その代わり、もっと大きな目的に合わせよう。
きみが体験することと
きみの環境条件は
きみに何かを教えてくれる。
きみが向き合い、変化させ、
現世で一つに統合しようと決めたものに
向き合うことを教えてくれる。

罪悪感や疑いや
自分に対する批判の重荷は捨ててしまえ。
それらはきみの細胞に閉じ込められた
創造のエネルギーと共にある。
自分はだめだ、と思うのも
ただ創造に抵抗し
変化に抵抗しているだけのこと。

本当のことを言ってあげよう。
きみが自分をだめだと思う、その考えには真実なんか何一つない。

だからきみに尋ねよう。
これからの人生を
どう過ごしたい？
どんな素晴らしい体験を作りたい？

きみの望みが何であれ
実現させたいものが何であれ
それはもう、創造のプロセスとして
フィールドの高次のレベルから下りてきている。
心に高く掲げる願い、
その実現に向けて
集中するかはきみ次第。
今、それが何かをはっきりとさせなさい。

すぐ後で
気が変わり、印象は変わるかもしれないが
今、きみが望むものは何？

それがみな実現することを
考えてごらん。
それはまったくきみ次第。
きみが自分の中の創造のエネルギーを
どれぐらいブロックしているか、
ブロックを選ぶか
創造のプロセスにゆだねることを選ぶかは
きみ自身の選択にかかっている。

生まれた現世の環境は
きみが作ったわけではない。
また、きみの人生を
きみ一人が今のように作ったわけでもない。
だが、きみは確かに創造者。
あらゆる人や存在も同様だ。
そうやって、みんなが共に物質界を創造している。

一人の人間として
みなそれぞれに、

先入観や信念体系、
エモーショナルで理不尽なものの見方で
この世界を体験する。

そしてまた、
心の深いところから
存在のコアの奥底から
湧き上がる無条件の愛も創り出す。
「尊い人間の心」と私たちが呼ぶのはそのためだ。

この美しい心がきみの道具。
きみの中の愛の泉は
深い内面から湧き上がる。
とてつもなく崇高なところから、
きみが創る
純粋な心へと湧き上がる。

きみたちはみんなで
人間のピュアな心へと湧き上がる。
愛は人間がこの星にもたらす

贈り物。
ハートに従い、愛に従え。
そのあり方は一人ひとりユニークだ。
きみなりの愛に従ってゆけ。

心の奥から湧き上がる
きみなりの愛には幾多の面があり
身体じゅうの細胞に伝わってゆく。
きみならではのコアクオリティのやり方で。
それはきみが過去生ですでに培ってきた資質だ。

第5章の復習　人生の再創造のためのヘヨアンのツール

1. 心が惹かれた事柄をめぐって瞑想してください。
2. 日記を書いてもよいでしょう。

第二部　フィールドの第四レベルでの創造性の癒し——関係性

「私たちのプロセスはコアエッセンスから始まります。コアエッセンスをさらに発展させ、明らかにする視点から人生と生命の課題を見つめます。タイムカプセルは内面の輝きを翳《かげ》らせるものか、あるいは、自分の中で愛だとは思えない部分のロードマップだと言えます」

——バーバラ・ブレナン

第６章　超感覚的知覚の実践

スピリチュアルな世界と物質的な世界に
分け隔てはなく、
分け隔てられたこともない。
――ヘヨアン

超感覚的知覚（ＨＳＰ）の本質

超感覚的知覚（High Sense Perception：ＨＳＰ）とは通常とみなされる範囲を超えた知覚能力です。通常の知覚は肉体の感覚器官や神経系統によって働きます。超感覚的知覚は生体エネルギーフィールド（ＨＥＦ）のチャクラの中にある知覚器官で働きます。

物理学者でもある私は生体エネルギーフィールドと生体エネルギー意識体系（ＨＥＣＳ）を観察し始めた時、自分がどのように超感覚的知覚で観察し、それがど﹅の﹅よ﹅う﹅に﹅ＨＥＦの中で働いているかも観察しました。この経験から、この知覚能力をいかに開いて使うかを教える上で貴重な情報を得ることができたのです。その情報を論理的でわかりやすく、実践的な体系にまとめました。これについてご説明していきましょう。

超感覚的知覚（ＨＳＰ）の基本

超感覚的知覚を使えば普通の五感を超えた感覚が得られます。その感覚を担うのは生体エネルギーフィールドのチャクラです。チャクラは周囲のフィールドから自然のバイオプラズマを取り入れて四つの次元にエネルギーをチャージすると同時に、バイオプラズマに含まれた情報も得るのです。バイオプラズマには情報がいっぱいです。「現代社会」の人々のほとんどは自然界のバイオプラズマフィールドに気づいていませんが、みな無意識に反応しています。バイオプラズマもエネルギー意識だと考えてよいでしょう。

それだけではありません。そうした周囲のエネルギー意識や私たち自身の存在を生む四つの次元は、私たちが何者かを表すしるしでもあります。いや、ただのしるしでもありません。私たちそのものなのです。

それが自分だと言われてもぴんとこないかもしれませんが、意識を持つエネルギー、つまり、エネルギー意識としてバイオプラズマを捉える練習はできます。チャクラが取り込むエネルギー意識には膨大な量の情報が含まれています。しかし、まさか自分のチャクラが情報を取り入れているとは気づいていない人が大半です。それでもみな、本当に無意識に、何らかの反応をしています。

それぞれのチャクラの機能と超感覚的知覚

チャクラは感覚器官です。バイオプラズマが入ると情報を知覚します。入ってくるエネルギー意識に対して私たちはレスポンスまたはリアクションをします。それを自覚している時もあれば、無自覚の時もあるでしょう。人生を再創造するには、常に自分の中を流れるこのプロセスに対するレスポンスやリアクションが意識できるようになることが必要です。96ページの「リアクションとレスポンスの違い」を参照してください。

各チャクラが受け取る超感覚的知覚の情報は次のとおりです。

第一チャクラは触覚、身体の動き（運動感覚）、身体の位置や姿勢（固有受容感覚）。

第二チャクラはエモーショナルなフィーリング。

第三チャクラは漠然と何かを知ること（直感）。

第四チャクラは愛と、愛のあるやさしさ。

第五チャクラは聴覚と味覚。

第六チャクラはＨＥＦとハラとコアスターを見る能力と、それらが存在するスピリチュアルな世界を見る能力。

第六チャクラで見る時は、光の反射で物を見るのではありません。ＨＥＦとハラとコアエッセンスが発する光を捉えます。それ自体が発する光からは、反射よりもはるかに多くの情報が得られます。

第七チャクラは高次のスピリチュアルな世界を知ると同時に、他のすべてのチャクラの知覚を合わせて物質界と統合し、異なる領域へと上昇させます。

第七チャクラは肉体と精神と感情のリアリティとスピリチュアルな世界を統合した詳細な情報を受け取るのに役立ちます。どんな情報もあり得ます。宗教的というよりはスピリチュアルな情報です。それは個人だけでなく集団に向けられている場合もあり、万人に当てはまる情報もあります。超感覚的知覚でその情報をまとめ、物質界とスピリチュアルな世界の両方に役立つような、わかりやすいものに高めます。ヘヨアンの講義をチャネリングする時に私はいつもそうします。そして、物事をあるがままに受け入れる慈愛の力と共に伝えています。チャネリングで得た情報を理解するために調べたり、瞑想したりする時もあります。

光の反射から得る情報と放出された光から得る情報の重要な違い

超感覚的知覚で見ることは肉眼で見るのとは異なり、人や物やシチュエーションが発する光を見ます。肉眼は光の反射で物を見ています。超感覚的知覚で得る情報量が肉眼よりもはるかに多いのは、この事実が大きく関係しています。基本的な物理を説明しましょう。

超感覚的知覚のメカニズムは肉眼による通常の視覚とはかなり異なる働きをします。肉眼は見たいものに視線を向けてピントを合わせます。対象物が反射した太陽光は眼球の中のレンズから網膜の光のセンサーに入ります。肉眼には光量を調節する機能があり――瞳孔を開いたり閉じたりして、網膜に入る光の量を加減します。網膜のセンサーは四千～八千オングストロームの光（「可視光線」と呼ばれる太陽光の反射）に反応します。

人間が昼行性であることを考えると、日中の太陽光のスペクトルと同じ範囲が見えるのも納得がいきます。私たちは太陽光が物体に反射する光によって物を見ているのです。物体が発する可視光線はたいへん微弱ですから見えません。見えるのはあくまでも反射された光です。この光は太陽光についての情報をかなり与えてくれますが、物体そのものについての情報はわずかです。反射された光の質感と、そこから推測できることだけです。

物体や人が自ら放出している光には、その物体や人についての情報がはるかに多く含まれます。

超感覚的知覚では生体エネルギーフィールドやハラやコアスター自体が発する光が知覚できます。これらの光のエネルギーは四千～八千オングストロームの可視光線の範囲を超えています。それ自体が放出している光ですから、反射よりも情報が豊かに含まれています。また、面白いことに、このエネルギー意識の光は無生物のものより生物の方が層が多く、性質も異なります。

肉眼で見るものの大部分は反射の光です。超感覚的知覚では、そのもの自体の光を見るのですから、情報はかなり多くなります。

超感覚的知覚ではHEFもハラもコアスターも、反射ではなくそれ自体が放出しているエネルギーを見ます。また、生体エネルギーフィールドが反射するものでなく生み出しているものを、音や触感や振動などでも捉えます。ハラやコアエッセンスについても同じです。

超感覚的知覚の能力を伸ばす

超感覚的知覚の能力を伸ばすには長年のグラウンディングと、パーソナルプロセスで四つの次元のすべてにおいて自己を明らかにして強化することが必要です。ヒーラーは深くグラウンディングをし、四つの次元がすべてしっかりとクリアーに存在する必要があります。四つの次元とは肉体、生体エネルギーフィールド、ハラ、コアエッセンスです。

グラウンディングが足りないヒーラーは、知覚する情報が理解しづらく非現実的です。断片的でまとまりがなく、実際には活かしづらいでしょう。ミステリアスで難解な、ひとりよがりの空想のようになることが多いです。しかし、そのような人がいても批判せず、温かく見守ることが必要です。その人自身が私生活で苦しい現実を抱え、ただ心を防衛しているだけかもしれないからです。

第七チャクラを通したチャネリングには、非常に強くて崇高な高周波のパワーを通すだけの修練が必要です。学びを重ねて熟練した人でない限り、試みるのは健康的ではありません。フィールドが割れてしまい、受け取った情報に一貫性や明瞭さが欠けてしまいます。異世界との架け橋として役に立つ解釈は不可能です。

ＨＥＦもチャクラもレベルごとに周波数帯域が異なります。これを使い、ＨＥＦのレベルごとの状態を知覚します。クライアントの心理のダイナミクスもＨＥＦのレベルの健康状態も、超感覚的知覚によって膨大な情報が得られますし、そのレベルの癒しに必要なものも正確に把握します。それに従いＨＥＦの各レベルをクリアリングしてチャージし、再構築を施すと、フィールドは健康な状態を回復します。ＨＥＦの損傷の原因となるトラウマに関係する体験にも自動的に働きかけることになるでしょう。

バーバラ・ブレナン・スクール・オブ・ヒーリング（ＢＢＳＨ）では長年このモデルを使い、ＨＥＦを知覚して癒すためのトレーニングをおこなってきました。これは非常に効果的です。このモデルは私が何年も費やしてＨＥＦを観察した経験に基づいています。

チャクラの知覚のシールを開く

図６－１は外から入るエネルギー意識／生体エネルギー意識体系（ＨＥＣＳ）のバイオプラズマがチャクラを通って知覚される経路を示しています。ＨＥＣＳのバイオプラズマはチャクラが「回転」してチャージする特性によって取り込まれます。チャクラの構造によって、バイオプラズマはらせん状に（身体の外側から見て時計回りに）回転しながら深く引き込まれていきます。超感覚的知覚にチャクラの健康的な働きが必要なのはこのためです。体の前面と背面のチャクラがそれぞれ外から見て時計回り

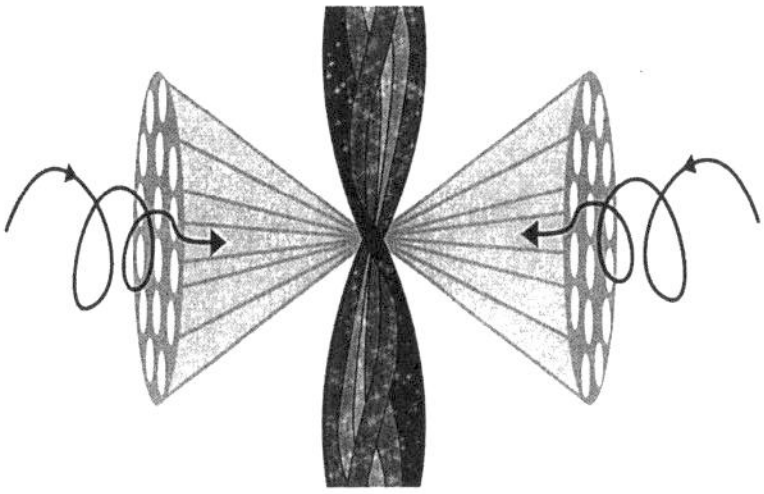

図6－1
チャクラ
HECSのバイオプラズマが
らせん状にチャクラに入る

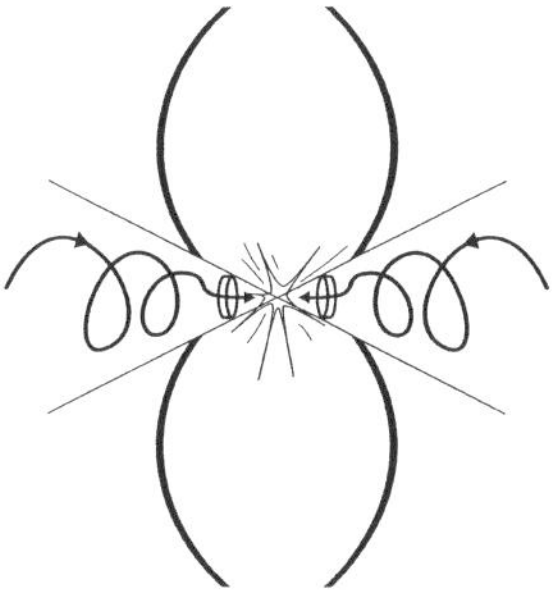

図6－2a
チャクラのシールとVPC
七枚のシールがVPCの中にある

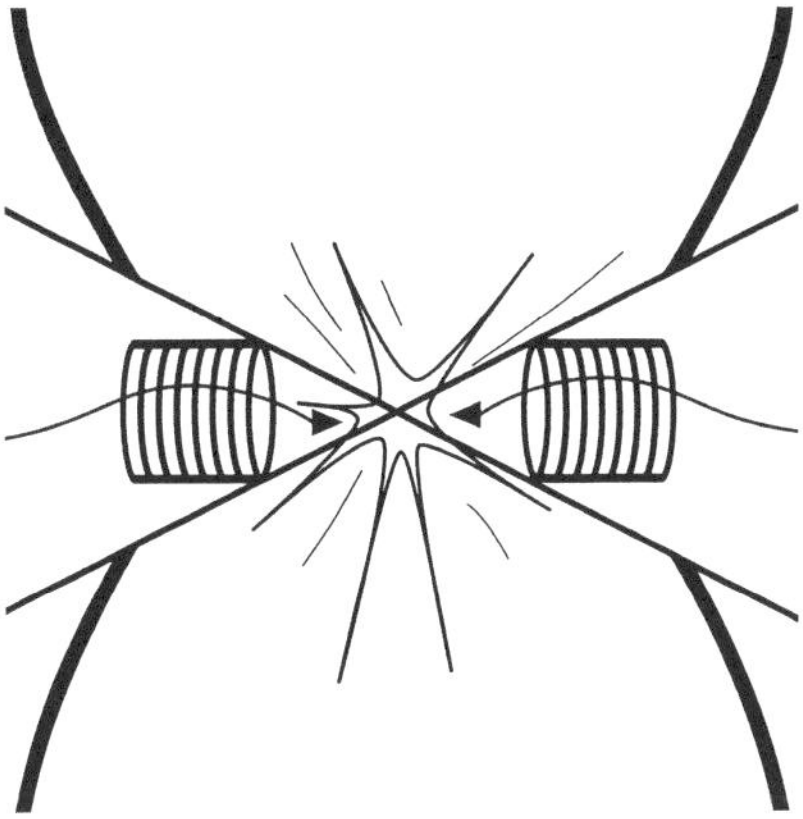

図6－2b
チャクラ内部の七枚のシールの拡大図

に回転していることが必要です。つまり、お腹の側と背中の側とでは、バイオプラズマが逆回りに回転しています。こうして引き込まれたバイオプラズマはチャクラの中心に達する直前にシール（封）と呼ばれるものを通り抜けます。バイオプラズマを知覚するには、このシールに入って通過することが不可欠です。

チャクラのシールを通り抜けたエネルギー意識は「センサー」に入ります。このセンサーは生体エネルギー意識体系の深いところにあり、ここで情報が得られます。

HEF（とチャクラ）を整え、知覚のシールに入るエネルギー意識の周波数と強さを調整する方法があります。古代においてこの技法は「シールの開放」と呼ばれていました。深い瞑想を重ねて師から生徒へと伝授された技法です。私たちは二十一世紀の視点から、シンプルな物理学になぞらえて理解を進めていきましょう。

実際のシールは非常に小さく、図6－2aのように垂直に流れるエネルギー（VPC）の中にあります。図6－2bは七枚のシールの拡大図です。この流れは身体の内部の奥深く、だいたい脊髄の中あたりにあります。脊椎のようにカーブせず、垂直の直線になっているのが理想的です。シールはレンズのように見えますが、限られた周波数帯域とパワーレベルのみを貫通させる電子ゲートのような働きをします。練習が必要ですが、超感覚的知覚で明確な情報を受け取りたいならぜひ取り組んでください。シールは身体の前面と後面の各チャクラにあり、チャクラの中でフィールドの各レベルに存在します。

複雑に思えるかもしれませんが、実はとても単純で、実践も簡単です。まず、あなたが使いたい感覚を選んでください。それによって、どのチャクラを使うかが決まります。よく使われる感覚は視覚（見る）、触覚（感じる）、聴覚（聞く）です。選んだら、次に、HEFのどのレベルの情報が得たいかを選んでください。レベルによって得られる情報が異なります。例として、クライアントの第四レベルの情報を見る、と選択した場合の進め方を説明します。

1. 見る時は、まず、自分の視覚のチャクラ（第六チャクラ）の中で、見たいレベルに当たる自分のフィールドのレベルをチャージして開きます。

   クライアントの第四レベルを見るには、あなたの超感覚的知覚を第六チャクラの第四レベルに合わせ、第六チャクラの第四レベルにあるシールを開きます。じゅうぶんにチャージできたらクライアントのフィールドのエネルギー意識があなたの見るチャクラ（第六チャクラ。サードアイ／第三の目とも呼ばれる）のシールを通って入ってきます。クライアントのフィールドで、あなたが見たいエリアに意識を向けましょう。あなたのチャクラのバランスが整っていて、安定した集中力があり、シールにエネルギーが通せるほどフィールドがしっかりしていれば、クライアントの第四レベルのどこに意識を向けても見えるようになるでしょう。

2. 好奇心はたいへん役立ちます。興味を引かれるものや直感的に見たくなるものに意識を向けて従いましょう。肉眼で見る時に目の焦点を合わせるのと似ています。見たいフィールドの周波数帯域（HEFのレベル）のエネルギー意識がクライアントのフィールドからじゅうぶんに自分の視覚のチャクラ（第六チャクラ）のシールに通るようにします。

   肉眼でものを見るには可視光線が必要ですが、超感覚的知覚はやや違います。HEFが強く明るいオーラを放つ場合はとても見やすく、まれにまぶしすぎて見づらい時もあります。しかし、ヒーラーとして病気の人々を見る場合、彼らのフィールドはあまり明るくはありません（また、照明をつけても見やすくなるわけでもありません）。そのような場合はあなたが自分のフィールドをチャージしなくてはなりません。クライアントのフィールドが弱いほど、あなたは自身のフィールドを強くする必要があります。これは知覚の感度を上げるために自分のフィールドをチャージするという意味です。クライアントのフィールドのチャージについては、クライアントの必要に応じて正確におこないます。

超感覚的知覚の技法はクライアントにヒーリングを施す技法とは異なります。

肉眼では光の反射で物を見ているのでしたね。もちろん、太陽や星や炎や電球の光を直接見る場合は除きます。日が暮れると照明をつけるのも、物にライトを反射させて見えやすくするためです。一方、超感覚的知覚ではＨＥＦと宇宙エネルギーフィールドが放出する光を知覚します。肉眼との違いはあと二、三ありますので、後で詳しく説明します。

3．1と2のとおりにしてもフィールドが見えない場合はパワーチャージが不足しています。シールが開いてバイオプラズマが通過できるようになっていません。超感覚的知覚で使いたいチャクラに意識を向ける前にグラウンディングをして下のチャクラから順にチャージをし、フィールドの基盤を活性化させてください。

4．ほとんどの人は、適切に機能していないチャクラがあるものです。初歩の段階が難しい理由はそこにもあります。フィールドのアンバランスの癖に気づいて直せるようになりましょう。シンプルで効果的な方法があります。特定のチャクラをチャージする前に、まずフィールド全体のチャージから始めるのです。まずグラウンディングをし、第一チャクラから順に、各チャクラに息を深く吸い込むようにします。一つひとつのチャクラをチャージし、体の外側から見て時計回りになるように回転させます。グラウンディングは肩幅よりも少し広めに足を開いて立ち、膝は軽く曲げた状態を保ちます。身体を上下に揺らすとエネルギーが散ってしまいますから注意してください。疲れてきたらスタンスを崩して片足ずつ振るように動かし、戻します。深く呼吸しましょう。下のチャクラから一つひとつに手をかざしてチャージしてください。

5. ここでは例として第六チャクラで見ることを選びましたから、第六チャクラをチャージするために『光の手』の下巻にあるラスプブレス（訳注：口腔内の上部を呼気で摩擦させるような呼吸法）を使います。口腔の上側の後方にある軟口蓋に呼気を当てて擦るようにして、長く深い呼吸をします。そして、前面と後面の第六チャクラが中央で合わさる部分にエネルギーを向けます。頭の中央にある第三脳室のあたりです。ここにシールがあります。
（額に意識を集中させる人がよくいますが、それはやめてください。ラスプブレスの代わりにヨガの「炎の呼吸」も使ってもいいでしょう。ただし、不慣れな場合はフィールドが自分の容量を超えてチャージされ、めまいやふらつきが起きるかもしれません。）

6. ここで説明した方法は、どのチャクラのシールを開くのにも役立ちます。グラウンディングが維持できるなら、最初からラスプブレスを使ってフィールド全体をチャージしてから特定のチャクラに意識を向けてもかまいません。超感覚的知覚を使う前にフィールド全体をチャージしておくのはよいことです。ラスプブレスか炎の呼吸をしながら第一チャクラから順番に開きましょう。七つのチャクラを全部チャージしないうちに超感覚的知覚を使おうとするのはやめましょう。必ず全体を整えてから、特定のチャクラに集中してください。

超感覚的知覚を開く時に多く見られる問題

1. 第六チャクラをチャージして、色は見えても形は見えない場合、第六チャクラの前側だけが開いています。つまり、額の方にあるチャクラの先端は身体の中心を通る垂直のエネルギーの流れにきちんと収まって機能していますが、後頭部にあるチャクラは適切に機能していません。形は見えても色が見えない場合はその逆で、後頭部のチャクラは開いて先端が垂直の流れに収まっていますが、額の方のチャクラは適切に機能していません。

2. フィールド全体が整い、エネルギー意識の流れを感じていても、まだ何も見えない場合はあなたのフィールドがまだ弱いということです。超感覚的知覚を開く前にフィールドのエネルギーを強化しましょう。運動やエクササイズや食生活の見直しに加え、心理的なプロセスが必要です。グラウンディングも練習してください。あるいは、少しダンスをするだけでいいかもしれません。ぜひ、好きな音楽をかけて踊りましょう。それでもだめなら食生活やプロセスワークなどに取り組んでください。あまり楽しくないかもしれませんが、いずれは必要になることです。

3. 超感覚的知覚を開く時に遭遇する困難は、主に心理的な問題に起因しています。フィールドを整えるためには、まず、自分のフィールドとエネルギーの心理について知らなくてはなりません（これについては『光の手』で述べ、『癒しの光』でも詳しく説明しています）。心理的なダイナミクスがフィールドに及ぼす影響を知れば、自分のことと幼少期の心の痛みの理解が大切だとわかるでしょう。また、痛みを避けるための防衛と、それに対処する大人の健康的な自我の発達も大切です。心理的な防衛が引き起こすＨＥＦの歪みについては『癒しの光』で解説していますから、ここでは簡単に、防衛をすればチャクラのエネルギーの流れがブロックされるとだけ述べておきましょう。チャクラは超感覚的知覚の手段ですから、ブロックがあれば知覚は不可能です。心理面の課題と向き合い、防衛に起因するフィールドの歪みを修正できるようになりましょう。そのためには健全で寛容な大人としての自我を養うことも必要です。

見たいフィールドのレベルに合わせる方法

自分がフィールドのどのレベルをチャージしているかを知るにはどうすればいいのでしょうか。各チャクラは基本になるベース音を設定しています。次のようなシンプルな手順で確認できます。

1. 意識を向けたいレベルに対応するチャクラと手の感覚を同じに合わせます。チャクラの周波数と手の周波数を同調させます。
2. 1をするには手のひらをチャクラにかざし、深く呼吸をしてフィールドをチャージします。
3. 手に感じるものを意識します。何も感じなくても心配は要りません。少し練習をして経験者に確認してもらいましょう。感覚がつかめたら、あとは簡単です。
4. レベルを「発見」したら、チャクラと同調させた手のひらと同じ感じになるように、全身のレベルを合わせます。

マインドの情報処理方法を変える

5．誰かが超感覚的知覚を使っているところを初めて見たり、自分で初めて使おうとしたりする時は、通常の物理的な知覚と同じような感覚で捉えがちです。そのような部分もありますが、大部分は違います――物理的な感覚と同じ面もあれば、そうでない面もあるのです。超感覚的知覚を使う時は、脳のエネルギー意識の流れを変える必要があります。私たちの脳の働かせ方は環境や文化や学校教育によってプログラムされています。学校教育を受けた人ならみな、脳でのエネルギー意識の流れや脳波のパターンに教育の影響を受けます。暗記と演繹《えんえき》的推論に重点が置かれる欧米やその他の諸国では前頭葉と側頭葉が活性化し、ベータ波の活動が増えます。一方、静かに瞑想や内省をする伝統があったインドやチベットなどの東洋の国々に見られる傾向は、西洋のものとは大きく異なっています。エネルギーは脳の中心にチャージされ、脳波はアルファ波やシータ波といった低い周波数帯域が優勢で、さらに低いデルタ波に達する時もあるほどです。脳活動がベータ波からアルファ波、そして瞑想状態のようなシータ波へと移るにつれて、リアリティの体験は大きくシフトします。東西の学習方法は知識を集める上でどちらも正当であり、有益です。インドの思想家パタンジャリが編纂したといわれる聖典『ヨーガ・スートラ』には精神状態の五段階が説かれています。

パタンジャリの『ヨーガ・スートラ』の精神状態の五段階

1．そわそわして、いろいろなことに気が散り、集中できない。

2. ぼんやりしていて鈍い。
3. 何かに気をとられている。
4. 長時間にわたり意識が一点に向かって常に流れている。物事の本質に通じることができる。
5. 静止＝完全に明晰で集中できており、真の自己から直感的な叡智が生み出せる。

五段階の最初の三つまでは簡単に気づけるでしょう。四番目も、瞑想する時に何か一つの物や祈りの言葉などを決めて集中し、雑念が生まれるたびにそれに意識を戻せばたやすく実現できます。アマゾン川上流のジャングルに住む原住民もシャーマンの導きで集団瞑想をしてこの状態に入り、野生動物を観察して狩猟をします。四番目の状態は五番目の状態への移行の練習でもあり、習熟するには何年もかかります。自分が五番目の状態にどれぐらい近いかを知りたい場合、何も考えずに十まで数えるか、何も考えずに一や十など一つの数字だけを思い浮かべられるか試してみましょう。

超感覚的知覚は能動／受動の精神状態のダンス

超感覚的知覚では精神を能動的な状態と受動的な状態とをダンスのように切り替えます。パタンジャリが説く精神の四番目の状態に入り、理性を能動的な状態でも受動的な状態でも働かせるのです。HEFの第一レベルを例に説明しましょう。

1. 論理的な思考を使い、知りたいことは何かを明確に決めます。
2. それを見つけるという意図を立て、パタンジャリの精神の四番目の状態に入ります。意識が一点に集中して流れている状態です。

3. 運動感覚的なコネクションを作ります。アメーバが偽足《ぎそく》を伸ばしていくように、リーディングをしたい相手に向けてエネルギー意識を伸ばします。相手の身体の中であなたが知りたい部分に偽足を届かせます（すでに前の2の段階で自動的にこうなっている場合もあります）。

4. 運動感覚的なコネクションをしっかりと開いて結んだら、受動的な精神状態に切り替え、情報を展開させます。ここで「情報に入って来させる」のではなく「展開させる」としていることに注意してください。この違いについては次の項で説明します。何も変えず、批判や判断もせず、観察に徹する見方を私たちは目撃者（witness）と呼んでいます。ただ情報を知るだけということです。自分のフィールドに情報を引き込もうとするのではありません。この点において、手技で身体に働きかけるボディワーカーのほとんどは大きな誤解をしています。情報を自分に引き寄せる必要はありません。これについても次の項で補足します。

5. 「目撃者」の精神状態を維持し、情報をただ知ります。

6. ステップ5を続けます。情報を解釈しようとしないこと。解釈しようとすれば精神は目撃者の状態から能動的な状態に変わり、超感覚的知覚が止まってしまいます。情報の意味を理解しようとするのは超感覚的知覚ではありません。リーディングは止まったことになりますから、ステップ1に戻ってやり直しです！

7. 情報をただ展開させられていれば、超感覚的知覚とリーディングは維持できています。そのうちに意味がはっきりする場合もあれば、わからないままの場合もあります。

8. 意味がわからない場合はステップ1に戻って別の質問をします。好奇心がおもむくままに従いましょう。

9. シンプルな質問ができていれば、あなたが得る情報は答えを示すでしょう。そうなれば情報を補完したくなり、さらに好奇心が生まれます。元の質問とは別の関心事に向かってもかまいません。

10．超感覚的知覚を成功させるためには、精神の状態を目撃の状態と、一つの意図に集中した能動的な状態との間ですばやく切り替える練習が必要です。能動的な状態では好奇心に従い、知りたいことを積極的に求める意識の動きを全身に感じましょう。

11．練習すればするほど上達します。得た情報が単に自分の投影なのか、知覚したものなのかが最終的に疑問となるでしょう。相手からフィードバックが返ってくれば確認できます。検証を重ねるうちに、あなたの感じ方や見え方（超感覚的知覚を使った時にどう見えるか）、聞こえ方（超感覚的知覚を使った時にどう聞こえるか）がわかってくるでしょう。

超感覚的知覚の拡張と収縮

第2章でＨＥＦとＨＥＣＳの生命のパルスの拡張と収縮について述べました。パルスの段階に合わせて超感覚的知覚を使うことも可能です。ヒーラーは自分のボディにクライアントの情報を引き込み、知覚することもできるのです。つまり、ヒーラーが自分のボディ／ＨＥＣＳで感じて、見て、聞くということです。私が見たところ、手技による施術をするボディワーカーの人たちのほとんどは無意識にそうしていました。しかし、これは最善の方法とは言えません。なぜなら、仮にクライアントの足のケガを見ようとした時、ヒーラーはクライアントの痛みを自分の中に引き込まざるを得ないからです。その日はずっと、自分の肉体とＨＥＣＳに痛みや歪みを入れて過ごさねばなりません。これはなかなかつらいでしょうし、自分の癒しが余分に必要になります。図６－３ａと図６－３ｂの比較を参照してください。

ボディワーカーが情報を自分に引き込みがちなのは、物質界での感覚から生まれる誤解が原因です。

情報を得るには自分の中に取り込まねばならないと思い込んでいるのです。超感覚的知覚は違います。エネルギー体は肉体よりもはるかに柔軟で流動的です。

ヒーラーは意識を拡張し、クライアントの肉体やHECSのどの部分の情報も知覚できるようになれます。情報を感じ、見て、聞くのです。そうするにはHEFの第四レベルでエネルギー意識をアメーバの偽足のように伸ばしてクライアントに向けるだけです。多くの人は偽足の中のチューブを通して情報を引き戻そうとしています。これはヒーラーにとってもクライアントにとっても健康的ではありません。偽足を伸ばした先に超感覚的知覚を運び、情報を得るだけでじゅうぶんです。遠隔透視もそれと同じです。近くにいる相手に対しても、遠隔透視と同じようにすればいいのです。

超感覚的知覚の運動感覚的なコネクションを作るエクササイズ

1. 目を閉じて座ります。座る前に天井は見ないこと。このエクササイズで「目を開けて」と指示が出るまで目は閉じておきます。
2. 手を上げて天井を感じてみましょう。何かを感じるまで続けます。
3. しばらく続けたら（目を閉じたままで）自分の手を感じてみましょう。手をどのように使っているか？　使っているのは指か、手のひらか、あるいは両方か？　手のひらは上向きか下向きか？
4. 天井を感じているのは手の上あたりのどこかか、それとも手の中か？　どちらかはっきりわかるまでチェックしてください。
5. 手の中で天井を感じているなら手に情報を引き寄せず、上にある天井を感じましょう。上にあるものを上に感じることは可能です。前に述べたように、それが一番良い方法です。

6．最初に知覚した感覚をシンプルにしてみましょう。次のような質問に答えてみましょう。
a．そこは周辺よりもざらざら、でこぼこしているか、なめらかか？

b．そこは周辺よりも温かいか、冷たいか？

c．そこは天井から出っ張っているか、引っ込んでいるか？

d．そこは金属でできているか、木材などの有機物でできているか？

e．その感触は好きか？

f．空気や水、熱、電気、光と関係があるか？

g．それは何だろうか？

h．それを指差しておいて目を開け、知覚したことが合っているか確かめる。

i．いくつの質問に正解できたか？
7．今度は次のようにして天井を感じてみましょう。
a．手を上げて天井を感じます。

b．意識を天井とつなげたら、そのコネクションを保ったままでゆっくり手を下ろし、手のひらを下にして膝に置きます。

c．両手を膝に置いた状態で、初回と同じように天井を感じてみましょう。

d．先ほどの質問にすべて答え、また同じように目を閉じたままで指差し、目を開けて答え合わせをしましょう。

e．うまくできるようになるまで練習しましょう。情報を自分の中に引き込むことなく、手を使わないでもＨＥＦの偽足が伸ばせるようになるでしょう。そうなれば、運動感覚的なコネクションを使い、手を自由に動かして遠隔ヒーリングができます！

8. 今度は手を膝の上に置いたまま、同じように天井を感じてみましょう。

9. 次は遠隔で同じことをしてみましょう。可能であれば、前もって練習相手の同意を得ておいてください。

a. 相手に対して運動感覚的なコネクションを作り、観察しましょう。

b. シンプルで直接的な質問を自分に問います。

c. 観察をした時間を記録しておきます。

d. 後で相手に連絡をして、知覚したことが合っているかどうかを確認します。

能動的／受動的な精神状態をスムーズに切り替える

1. まず、知りたいことを決めます。マインドや手を伸ばすイメージをし、空間をスキャンして情報を能動的に探します。だんだん何かを感じるようになるでしょう。その場所がわかれば、さらによく感じるように運動感覚的なコネクションを結んでください。

コネクションができたらそれを感じ、何を感じるか、を意識しましょう。「目撃者」の受動的な状態に切り替え、情報を展開させます。感じた情報を集めましょう。どのように感じるか、心の中でリストを作りましょう。「目撃者」の受動的な精神状態で情報を展開させます。

2. 情報を解釈しようとするのはやめましょう。

3. 情報が展開するにつれて意味がわかる時もあれば、わからないままの時もあります。後者ならステップ1に戻って別の質問を考えましょう。

4. 情報の意味がわかればメモしておいてもいいでしょう。

5．のちの参考や確認のために、観察したことを記録すると役立ちます。

超感覚的知覚の情報の性質

超感覚的知覚の情報は具体的なものと象徴的なものに大別できます。言葉のとおり、具体的な情報とは物理的に、あるいはHEFの知覚で具体的に伝わる情報です。象徴的な情報とはシンボルによって伝わる情報です。

具体的な情報：足にケガをした人を具体的な情報の超感覚的知覚で見ると、肉体の骨折部分を見ているように知覚します。骨折した部分の周囲のHEFの第一レベルはラインが破壊されているのがわかるでしょう。骨折時にラインが折れてエネルギー意識の流れが止まるため、ラインの中の光の粒子は流れていません。電線が切れると電流が止まるのと似ています。

第二レベルを見れば、第一レベルの破損の箇所にエネルギー意識が滞留しているのがわかるでしょう。第一レベルの流れが止まり、第二レベルのエネルギー意識を誘導できないからです。非構造体のエネルギーはその箇所を流れていけず、その箇所の中にたまります。たいてい、この滞留は赤色をしています。こうしたHEFのレベルの破損は肉体の治癒を遅らせます。ヒーラーがエネルギーフィールドを修復すれば、回復はかなり早まります。急性の損傷や負傷に対してすみやかにヒーリングワークを施せば、回復に何週間も要するところを数日間または数時間に短縮できる場合があります。

象徴的な情報：象徴的な情報は、クライアントにとって喜ばしい知らせではない場合にヒーラーが恐怖を回避するのに役立ちます。クライアントは心の準備を整えながら、象徴の意味を考えることができます。

象徴的な情報には三つのタイプがあります。

1．クライアントの象徴。この場合、リーディングをする者にはシンボルの意味がわかりません。リーディングする側にとって最も恐怖が少ないタイプです。

2．ヒーラーの象徴。

3．円やらせん、十字などの普遍的なシンボル。

三種類全部を用いるヒーラーもいれば、部分的に用いるヒーラーもいます。私は象徴的な情報をほとんど使いません。具体的な情報を好んでいます。

物質界と第四レベルの世界、スピリチュアルな世界のＨＥＦと超感覚的知覚

ＨＥＦの第一〜第三レベルは物質界での機能を担います。超感覚的知覚では生命が物質界でどのようにしているかが洞察できます。ＨＥＦの第四レベルはアストラル界に通じています。このレベルで超感覚的知覚を開くと自分や他人のＨＥＦの第四レベルだけでなく、アストラル界と、そこに住む肉体のない存在も知覚します。あらかじめトレーニングを積んでおかないと、現実感覚に合わないアストラル体験に戸惑うでしょう。第四レベルを超越した領域においてはＨＥＦの高次のレベルとスピリチュアルな世界を知覚します。

ＨＥＦのパワーレベルと超感覚的知覚およびヒーリングスキル

超感覚的知覚の能力が発達するにつれて多くのことが同時にできるようになります。

より多くのエネルギー意識を自分のフィールドに通せるように、許容量を大きくすることが必要になります。自分のフィールドをコントロールしながら大量のエネルギー意識が使えると、より多くのスキルが扱えます。段階ごとに努力もエネルギーも必要になります。たとえば、ヒーリングと同時に超感覚的知覚を使う場合はフィールドにより多くのパワーが必要です。自分のフィールドを分離させたりコントロールを失ったりしないようにしながらパワーを扱い、維持できるかがポイントです。

ヒーラーのスキルに求められるHEFのパワーレベルは次のとおりです。

●P1（パワーの第一段階）では自分の両手などをHEFの各レベルに合わせることができます。自分の両手で自分のHEFのレベルを感じ、体験できます。

●HEFのコントロールを維持しながらP2に達すると、自分のHEFの各レベルを全身で感じ、体験できます。選んだレベルを全身で意識できます。

●P2のスキルに加え、P3ではクライアントの身体に手を置き、超感覚的知覚でその部分のHEFのレベルが知覚できます。

●P4ではクライアントのHEFのレベルを選び、ヒーリングで変化させることができます。

●P5ではヒーリングのために変化をさせながら、自分がしていることを超感覚的知覚で観察できます。このコンビネーションは重要です！

●P6ではヒーリングがクライアントのHEFの他のレベルに及ぼす効果が観察できます。

●P7では用いているスキルのすべてについて、自分のガイドとコミュニケーションが取れます。

●P8ではクライアントのガイドともコミュニケーションを取り、相互にやりとりができます。ガイドとのコミュニケーションとチャネリングとは大きく異なりますので注意してください。

ＨＥＦを整える

フィールドが完全に整っていれば最もパワフルで健康的ですが、そのようなフィールドはめったにありません。完全に整うとは、すべてのレベルが同期しており、各レベルの中でも複数のレベルの間においても（上層レベルへも下層レベルへも双方向に）効率的なエネルギーの伝達が可能な状態です。この状態を目指すには、すべてのチャクラを各レベルにおいて同じサイズに整えます。前に述べたように、チャクラはフィールドの各レベルに存在しています――構造体レベルでのチャクラは光のラインでできています。非構造体レベルはその周波数帯域の非構造的なエネルギー意識でできています。フィールドを整えて調和させるのは簡単ではありません。コアへと向かう癒しのスパイラルを進み、自己についてのワークを重ねて到達するものです。図６－４は整ったフィールドのイメージです。フィールドの整合性が増すにつれ、超感覚的知覚もはっきりとして役立つ情報が得られるようになるでしょう。しかし、私はまだ整ったフィールドを見たことがありません。人類はまだまだ進化の途中なのだと思います。フィールドが整えば、さらに大きなエネルギーを扱えるようになります。

通常の知覚と超感覚的知覚は異なる

私は自分の超感覚的知覚の能力が開花する過程で多くの思い込みに気づきました。物質界での普通の感覚と同じように捉えていましたが、実はそうではありません。最初はかなり戸惑いました。いくつかの体験談をご紹介しましょう。

二つのレベルで同時にコミュニケーションを試みる：超感覚的知覚の難しさを示す例を挙げましょう。ある朝、私が小さな娘を車で学校に送っている途中でヘヨアンが話しかけてきました。フロントガラスのあちらこちらに彼の姿が見えました。一方、娘は私に学校のことを話し続けています。

「ママ！　ママは私の話を全然聞いてない！」と娘は声を上げました。

娘の話とヘヨアンの話を同時に聞くのは当時の私には不可能でした。しかし、娘に弁解する気も起きませんでした。こんなことは誰にも話せないと感じていたからです。

その後まもなく、私は自分の波長をすばやく切り替えられるようになりました。娘に合わせ、さっとヘヨアンに切り替えて合わせ、という波長のシフトができるようになったのです。さらに何年か練習すると、同時に複数の種類の超感覚的知覚（視覚や聴覚、フィーリングなど）が使えるようになりました。二人の人を同時に観察できるようにもなりました。

ヒーリング中に起きることはすべて重要ですから、ＨＥＦのさまざまなレベルをスキャンして状態を把握することが必要です。クライアントがＨＥＦのどこでどのようにヒーリングを受け取り、感情や肉体がどう反応しているかをつかむため、ヒーラーはすばやく周波数をシフトさせることが大事です。

肉体との感覚の違いによって起きる問題：超感覚的知覚の情報伝達は肉体の感覚よりもはるかに速いです。質問される前に答えを得るのもたやすいことです。人は頭の中で質問を組み立てて話そうとしますが、それよりも前に答えが返ってくるのはなぜなのかが理解できません。そのためにたいへん不愉快に感じる時もあるでしょう。逆に、私の方は物質界の速度の遅さを痛感しながら、相手が質問をし終わるのを待っています。超感覚的知覚の情報はあまりに速く、相手の話を遮らなければ逃してしまう恐れもあります。

私は同時に複数のレベルでコミュニケーションが取れると述べましたが、物質レベルでは情報の送受信の速度を落とさざるを得ません。高次のレベルの超感覚的知覚と比べると、肉体はとてもゆっくりです。その違いの大きさは、まるで音速と光速の差ほどです！　たとえば、朝に友人が（電話で）「質問があるの」と言った時、私にはもう「ポリープがある」と超感覚的知覚で聞き、ビジョンが見え、大腸の中での位置やサイズも見え、細い糸のようなもので垂れ下がり、良性であることも見えています。その後で、彼女が「私の体を見てくれる？」と言うわけです。待っている間に情報を忘れたらどうしよう、と焦る時もあります。

医師が患者の名前や質問を告げる前に「リーディング」する：バーバラ・ブレナン・スクール・オブ・ヒーリング（ＢＢＳＨ）のレジデント・トレーニングの週に定例だった夕方の医師のサポートグループにある医師が来て「私の患者について質問していいですか」と言いました。

私はその患者のフィールドを「リーディング」し、身体の状態と、最近家族を亡くしたために心理的な問題があることを伝えました。医師は「私が説明する前にわかったのですか？　私は患者のことを言わなくていいんですか？」と言いました。

「いいえ、必要ありません」と私は答えました。

数年後にこの医師と再会したので、情報は役立ったかを尋ねました。医師は「あなたの言ったとおりでした」と言いました。

私はＢＢＳＨで学んでいた医師たちに、この仕組みを説明しました。医師が患者のことを考えるとすぐ、医師のＨＥＦはその患者とつながるのです。私にはＨＥＦのコネクションの形が見えます。すると、医師自身が情報の通路かゲートのようなものになり、求める情報が流れます。医師の超感覚的知覚の能力が向上するにつれ、私がリーディングをしなくても、医師本人が自然に情報を得るようになります。ＢＢＳＨを卒業した医師の多くは優れた知覚能力を発揮して、診断が困難な時に活かしています。しかし、お察しのとおり、患者にそれを伝えることは基本的にありません。

超感覚的知覚——生徒の要求を察知する：私が多くの生徒を指導するようになって、まず教室で気がついたのは無言の要求でした。これは教室に限らず、どこでも起こります。背後に視線を感じ——あたりを見回すと、やっぱり誰かがじっと見つめているのです！

この現象は私と同じ部屋にいる人か、私の近くにいる人——たいていは生徒——が、何がなんでも私とコンタクトを取ろうとしている時に起きます（私に質問をしたい人は大勢いますから、一人ひとりにていねいに答えることはできません）。

彼らは「質問するぞ」と決心すると、細い（直径四～五センチメートル程度の）要求のエネルギー意識を私のＨＥＦに突き刺します。かぎ針のようなものを引っかける時もあります。もちろん、それを受ける側は愉快ではありません。私は反射的に警戒し、即座にその粘っこいコードの元をたどります。当初、私は誰かの後ろや横に移動し、その偽足のようなコードを放っている生徒をかわしていました。たったこれだけの動きでも生徒の集中は途切れて要求は止まります。しかし、本人は無意識にしていることですから、そのことを指摘して傷つけるのは私の本意ではありません。やがて私は生徒の質問内容を察知して、回答をさりげなく講義に取り入れてクラス全体に伝えるようになりました。この粘っこい要求の糸が及ぼす影響についても講義で説明するようにしました。

超感覚的知覚——ワークショップの参加者が「見ているもの」を見る：これは何年も前に初めて体験したことです。ワークショップで二人組になり、お互いの身体の中を知覚する練習をしていた時に、ある男性が「自分に見えるものが合っているか確かめてほしい」と言いました。

私は彼がパートナーを見ている様子を観察し、「相手をもう一度よく見て。何が見えるか教えて」と彼に言いました。

私はこの男性がエネルギーの偽足をパートナーに向けるのをチェックし、私も自分の超感覚的知覚で見て、彼と答え合わせをするつもりでした。ところが、そうはいきませんでした。彼が見ているものを見た私はびっくりし、口に手を当てて壇上でぴょんぴょん飛び跳ねてしまいました。

超感覚的知覚の情報の取り扱いについて

超感覚的知覚の能力が発達するにつれて、膨大な情報を得ることになります。意図的に得るものもあれば、偶然に、図らずも得る情報もあり、それらの情報を相手に伝えるかどうかに敏感になるでしょう。配慮に欠ける扱われ方も多く見られます。これは情報を見る側と見られる側の両方にとって大きな問題です。情報の取り扱いには厳格な基準が必要です。私がお勧めする基準を列挙していきましょう。

超感覚的知覚で得た情報を取り扱う際の基準

1. 情報を取り扱うのに不適切な場では、けっして情報を得たり与えたりしないこと。オフィスの外や施術時間外はふさわしくありません。特別に予約の時間を設けて電話で話すのならよいでしょう（相手がその場に一人きりでないことや、家の外にいないことを確認しておきます）。路上、車や電車の中、廊下や会議室、コンサートやパーティーの会場など人が集まる場で情報を与えないこと（実際に私はこれらの場所で質問されたことがあります。尋ねた人はそれがいかに強い影響を及ぼし得るかをまったくご存じなかったのでしょう）。超感覚的知覚のワークショップのデモンストレーションとしてなら、みんなの前で話してよいでしょう。ただし、その場にいる参加者全員に開示してもさしつかえない情報のみに限り、それ以外は話さないこと。

2. 最低三つの感覚で情報を確認し、最低三回はリーディングし直すこと。私は視覚、聴覚、運動感覚的、ヘヨアンのチャネリングの四つを使い、何度か情報を求めます。

3. はっきりと説明できるように情報を集め、相手にわかりやすい言語や言葉で伝えるように心がけること。

4. 情報を相手に伝えることが適切かを判断すること。得た情報を全部伝えない方がよい場合が多いです。

5. 重い病気や生死に関わる健康問題がある人には医師にかかるよう促すこと。医療機関に行ったかどうかの確認は非常に重要です。あなたが免許のある医師でない限り、病気の診断はしないと伝えること。

6. 具体的に何をすべきかわからない限り、相手が重病であるとか生死に関わる健康状態であるなどとは絶対に言わないこと。

7. 重病の患者への定期的なヒーリングセッションは、その患者が医師の治療を受けていない限りおこなわないこと。

8. 相手が医師にかかるのを拒否すれば、その問題に対処できる有資格のセラピストに託すこと。あるいは短い期日を設け、その日までに医師の診断を受けて報告してもらう。苦しい状況でヒーリングを中断せざるを得なくなったとしても、医師の治療にとって代わることはできません。ヒーラーを求める人の多くは診断を受けるのが怖いため、必要性を認めたがりません。診断を受けた後でかかりつけの医師の（あるいは医師全般の）治療をやめてしまう人もいるほどです。

9. 担当の医師にヒーラーとして相談したい場合はクライアントの承諾を得てから医師に尋ねること。

相手に関心があるなら医師の連絡先をもらいます。関心をもつ医師もいれば、ヒーラーには無関心な医師もいます。

10．私がワシントンD．C．で開業していた頃、ある医師は患者のヒーリングに来て立ち会いました。私がフィールドをリーディングし、何をして、なぜそうするかを説明すると、その医師はメモをとっていました。

その他の重要なポイント

1．あなたが与える情報に医師が興味を示したら、うまくコミュニケーションを取る手段を見つけましょう。情報を曖昧にしたり取り扱いを誤ったりすれば、医療とヒーリングの連携にとってもヘルスケアの未来にとっても痛手になります。

2．医師とうまく連携ができればクライアントにとってたいへん有益です。

第6章の復習　あなたの超感覚的知覚を開く

1．あなたが主に使う超感覚的知覚の感覚を列挙してください。
2．あなたが好きな感覚はどれですか？
3．あなたの中で発達している感覚と幼少期の体験との関係は？
4．あなたが発達させなかった感覚と幼少期の体験との関係は？
5．超感覚的知覚のために気まずい思いをしたことがあれば、挙げてください。

6. それを黙っておく方がよいと判断して秘密にしましたか？　それとも気まずいから秘密にしましたか？

7. 超感覚的知覚の情報をよりよく扱う方法はありますか？

8. 超感覚的知覚の取り扱いの基準にならってみましょう。最も難しかった項目は何でしょうか？　それについて境界線の問題はありますか？

第7章　第四レベルのリアリティに入る

共同創造から外れたところでは何も作れない。
出現するものと、まだしていないものとを
きみと宇宙との関わりの中で考えない限り
個人が成し遂げる創造はない。

――ヘヨアン

第四レベルのリアリティとは何でしょう？　第四レベルのリアリティとは関係の世界です。家族や友人、また、その他のすべてのものとの関係のエネルギー意識です。そこには物体や想念、天使から悪魔までさまざまな存在がいます。

では、第四レベルのリアリティの素晴らしい探索に出かけましょう。

『フラットランド』

エドウィン・アボット・アボットという数学者が書いた『フラットランド――たくさんの次元のものがたり』（講談社選書メチエ）という面白い小説があります。フラットランドは二次元の平坦な世界。平面の紙にX座標とY座標だけが存在します（Xは横の座標、Yは縦の座標です）。平べったい紙のような世界ですから二次元のものしか住めません。フラットランドの生き物たちにはZ座標がありません。つまり、三次元がないのです。

ある日、この平穏な世界に三次元の存在が（垂直のZ軸から）下りてきます。生き物たちは体内に違和感を覚えますが平常心を装います。不思議に思った数学者は謎解きに挑み、おなかの中がムズムズするのは三次元の存在のせいだと発見します。興奮した彼は友人たちに三次元の存在について説明し、「三次元の存在がおなかの中をくすぐっているんだ！」と主張します。当然、みなは彼を信じず、変人扱いし始めます。彼が話をすればするほど逆効果。言わない方がいいのだな、とついに黙ってしまいます。

第四レベルのリアリティもこれと似ています。こうした現実がある可能性を考え、理解をし、徐々に受け入れていく転機を示すものとして『フラットランド』は示唆に富んでいます。私たちヒーラーも第四レベルのリアリティに対して納得しがたい困難にぶつかります。普通の人生体験を超越しているように思えるからです。でも、本当にそうなのでしょうか？

ヒーリングにおける多世界解釈

ヒーラーのトレーニングには異次元の体験、つまり「異世界」の体験が含まれます。異世界についての情報は有史以前からありました。しかし、科学が発展して実験がなされるようになっても、それが存在していること、つまり生きていることが証明できず、こうした考えは受け入れられませんでした。それが今、迷信として否定するよりは生命に対する理解を広げるための情報源として、私たち自身の健康や幸福のために見直されています。そこで疑問になるのは自然界に対する現代の理解がいかに、何千年も語られてきた「異世界」を捉えるのに役立つかでしょう。私たちの大多数は既成概念のために恐れを感じ、思考を止めてしまいます。この恐れと向き合い、はるか昔の歴史を紐解くことにいたしましょう。

何か貴重な情報があるかもしれません。

北米先住民族のシャーマン

南米と北米の先住民族のシャーマンは異次元の体験を「ドリームタイム」または「ドリームワールド」と呼んでいます。彼らは集団や個人による儀式瞑想でその意識状態に入り、情報を得ていました。野生動物の習性を知って狩猟に活かすといったことです。また、信仰や自然界の調和の維持といった神聖な目的もありました。この伝統は現代でも続いています。

古代の女神信仰

男性性に重点を置く宗教が台頭する以前には、何千年もの間、女神を崇める宗教が地球を支配していました。神聖な世界と物質界とを行き来する船や器として女性が崇められていたのです。男性は女性に種を植えつけるようにして種の存続をします。古代の女教皇の彫像の肩や腕や首には蛇が巻きついています。蛇が象徴するのはクンダリーニ。脊椎を上昇する光のエネルギーであり、心身に啓示をもたらします。クンダリーニの上昇による覚醒を目指す瞑想の技法は数多く教えられています。

キリスト教が北へと広まりイギリス諸島に伝来すると、現地の女神信仰と遭遇しました。当時の原住民は地球に寄り添うようにして暮らしていました。あらゆる生物と同じように自然のサイクルに従って生き、季節の変化を尊ぶ儀式をしていたのです。あらゆるものは生命のエネルギーを宿して生きているとみなされました。アヴァロン（現在の地名はグラストンベリー）では女教皇が薬草や生命エネルギーで病を癒す術を編み出していました。彼女たちはトーと呼ばれる神聖な丘に上って異世界とつながりました。そのようなことが自然におこなわれていたのです。

侵略者はアヴァロンの女教皇の行為が理解できず、魔女とみなして虐殺しました。魔女狩りは米国マサチューセッツ州セイラムでも起きました。これらは「バーニング・タイムズ（火刑の時代）」と呼ばれています。糾弾者たちは「魔女」が「薬草で癒す女性」だとは知りませんでした。

その一方でキリスト教徒も天国と地獄という異世界を信じていました。しかし、二つの宗教には大きな違いがあったため、女神信仰の女性たちは異端者として地獄に送るべきだとされました。これは「魔女」にとってもキリスト教徒にとっても悲劇です。自分たちと同じ考え方をしない人々を裁き、糾弾するとはなんと恥ずかしいことでしょう！

現代の文化の視点

ヨーロッパに系譜をもつ米国のカルチャーでは古代の信仰が細々と維持されると同時に、異世界の体験を「変性意識の状態に入ること」と呼び始めました。特に、ヒッピー文化が一九六〇年代に台頭してからは大躍進です！　脳波をマッピングして変性意識の状態との関連性を調べる素晴らしい研究もなされました。こうした異世界、あるいは変性意識についての近年の取り組みについてお話ししましょう。

バージニア州シャーロッツビル近郊にあるモンロー・インスティテュートの設立者ロバート・モンローはまったく偏見のない研究をしています。

ロバート・モンローの研究

ロバート・モンローと同僚たちはさまざまなレベルに分けた意識の状態に入る体験を信念体系領域と名づけ、詳細なリサーチをおこないました。それらの意識の状態はチベット僧のように長年瞑想の修練をした人々の脳の中心部分の脳波と近似していました。その脳波の状態を再現するためにモンローが開発したのが「ヘミシンク」というプログラムです。左右でわずかに異なる周波数の信号をヘッドセットで聞くことにより、脳の中心部分の状態をコントロールするのです。このプログラムを使えばチベット僧が長い修行を経て到達する深い瞑想状態が作り出せます。

チベット僧が瞑想をする理由はいくつかあります。精神を落ち着かせることや静寂を体験すること、異世界を体験することの他に、死の準備をする目的もあります。ポワと呼ばれる瞑想では高次の変性意識の明晰な光に集中し続けることにより、異世界／変性意識への移行を目指します。死者の魂はバルドと呼ばれる異世界をいくつも通り抜けると信じられています。それらの異世界は旅立った魂が誘惑される意識状態でもあります。その誘惑は死者の精神の中でクリアーになっていなかった部分の投影だとされています。

世界のどの文化にも、物質を超越した世界について独自の見方があります。私はヒーラーになる過程で、またヒーラーになってから、異世界の体験を重ねてきました。それらの体験は穏やかに——また、ある時は激しく——私の理解を段階的に進めてくれました。

生体エネルギーフィールド（HEF）とエネルギー意識の世界

生体エネルギーフィールド（ＨＥＦ）の第一〜第三レベルは物質界に属していますから、肉体を超越した世界はそれより高次のレベルとなります。それらのレベル（第四〜第七レベルとそれ以上）は物質を超えた生命に関わる重要な部分であると同時に、物質界にもインパクトを与えます。

ＨＥＦの第四レベルが知覚できれば第四レベルの世界も知覚できます。それは三次元の物質界を超えた世界であり、また、ある意味において物質界を取り巻いています。第四レベルの周波数帯域は物質界の上にあり、また、物質界を貫き、物質界の下まで届きます。

第四レベルの世界の中に入ると、慣れるまでに少し時間がかかります。第四レベルの世界は物質界とは異なり、物質界のようには機能しません。初めの二、三回は物質界の法則どおりに動いていると思うでしょう。でも、それとは勝手が違います。最初のうちは戸惑いますし、非常に怖いことが多いです。しかし、よく観察すると第四レベルの世界ならではの法則があると気づくでしょう。困難ではありますが、第四レベルの世界を理解しておけば安心です。

超感覚的知覚（HSP）を開くことはあなたの旅でもある

第６章で述べたように、第四レベルの世界に入るにはＨＥＦの第四レベルの超感覚的知覚を開きます。そのためには、まず、ＨＥＦの第一レベルから第三レベルまでを開いておきましょう。そうすれば第四レベルにしっかりと順応できます。

初めての超感覚的知覚の経験はたいてい非常にシンプルです。何かの予兆を感じさせる夢を見たり、ビジョンを見たりするといったことです。頭の中で何か言葉が聞こえることもあります。あなたが苦境や生死に関わる状況にあれば、体験も激しいものになるでしょう。

最初にどの感覚が開くかで最初の体験が決まります。最初に聴覚が開けば音や音楽や情報が聞こえます。最初に視覚が開けば普通は目に見えないものが見えます。さらに他の感覚も開けば、それらで得る情報も加わった体験をします。物質界での暮らしと同じように、複数の感覚を組み合わせて情報を確認するようになります。大きな音が聞こえ、地面の揺れを感じ、視線を上げて、トラックが近づいてくるのに気づく時、最初の二つの感覚で得た情報をもとに、見えることを予測するわけです。もちろん、過去に大きなトラックを見た経験も寄与します。

体験をすぐに解釈しようとせず、ただ展開させれば超感覚的知覚の能力が伸ばせます。性急に答えを求めず、ゆっくりと情報を集めること。あなたにとって役立つ形になるまで自然に積み重ねていきましょう。

超感覚的知覚で第四レベルの世界を体験する

超感覚的知覚をＨＥＦの第四レベルに合わせられるようになると、第四レベルの存在が知覚できるようになってきます。初めは夢で見るかもしれません。あなたにとって、その方が現実として統合しやすいからです。

第四レベルのリアリティとして、夢は最も受け入れられやすいものでしょう。天使の夢や交通事故などの正夢を見る人はたくさんいます。予知夢は第６章のリストに挙げた感覚のいずれからも入ってきます。しかし、眠っている時に見るものですから、ただの夢だと片づけることも可能です。「こんな夢ならまた見てみたい」と思うことさえあるでしょう。「夢で天使を見た」と言ってもひどく怪しまれることはありません。誰にでもあり得ることです。しかし、それは体験の始まりかもしれません。

私が天使を見始めた頃は一人で自分を責めました。「自分を何だと思っているの？　天使を見るのは特別な人だけよ」と。何度も天使を見るようになると「これはビジョンよ」と自分に言い聞かせました。それなら夢と同じぐらい無難です。どんな宗教にもビジョンを見る人の話が出てきます。ビジョンと呼べば、それが物質界での現実かどうかは議論しないで済む面があります。ただ、ある程度リアルであり、ある程度リアルではないため、怪しいと言えるでしょう。

ビジョンを見続けていると、いずれはそれがリアルかどうかの解釈に迫られます。段階を追って説明しましょう。まず、仮に、天使やガイドなどのスピリチュアルな存在のビジョンが見えたとしましょう。そして、彼らが話しかけてくる声も聞こえたとします。天使やガイドのビジョンに話しかけられるのはよくあることです。ただのビジョンに過ぎないと言うことは、まだ可能です。

しかし、あなたがその天使やガイドに質問してみると、答えが返ってきます！　ビジョンにしてはおかしいぞ、と思い始める最初のステップがここです。しかし、ビジョンが返事をすることもあるのだろう、と言えなくはありません。

次に、その存在が近くにいるのを感じるようになったとします。ますますビジョンとは言い難くなってきます。あなたはその存在を見て、聞いて、向こうからも話しかけられました。質問すれば答えが返ってきました。その存在を感じ、自分に触るのも感じます。そうなると、もはやビジョンだとは思えません。双方向の関係になっています。自分に向けられるフィーリングを感じ、天使やガイドや存在の意図も感じます。その存在がいる環境さえも身のまわりに感じるでしょう。こうなると明らかに境界線を越えて第四レベルの世界の体験に入っています。

では、これまでの流れをHEFで起きていることに照らし合わせてみましょう。まず、ビジョンが見えました。HEFの第四レベルの高い周波数で開いた第六チャクラから情報が入っています。第四レベルの世界は広い帯域にわたっており、地球上の物質界のバイブレーション体系の上下もカバーしています。上の方には明るくまばゆい、高度に発達した天使のような存在がいます。他方では、発達が人間ほどには達していない存在もいます。

次に、天使やガイドが自分に話しかける声を聞きました。第四レベルの周波数帯域で第五チャクラが開いたためです。質問をする時も第五チャクラを使っています。自分への愛や思いやりを感じた時は第四レベルで第四チャクラが開いています。存在を感じ、触れられるのを感じた時はHEFの第四レベルで第一チャクラが開いています。双方向のやりとりやコミュニケーションが理解できればHEFの第四レベルで第三チャクラが開いています。この時に自尊心をもって何かを感じれば、HEFの第四レベルで第二チャクラが開いています。つまり、六つのチャクラがHEFの第四レベルで開いて機能しているのです。ですから、自分自身の第四レベルのボディも体験しています。この体験に自らをゆだねていればクラウンチャクラもHEFの第四レベルで開き、第四レベルの世界の一部になる体験をするでしょう。天使やガイドや存在を自分の外側で体験するのではなく、自分もその中に入ってインタラクティブな映画を体験しているかのように感じます。

幼少期の体験が超感覚的知覚に与える影響

私は幼い頃にこのような体験をし始めましたが、ずっと自覚がありませんでした。三次元を超えた空間を体験していたとは知らなかったのです。しかし、理屈では説明しがたい現象を研究し続けていくうちに、私の体験を第四レベルのリアリティだと捉えればみな理解しやすくなると気づきました。通常の三次元の物質界とはかなり異なる現実です。

誰でも子どもの頃に似た体験があるでしょう。ファンタジーや空想として、また、ほとんどの大人には見えない遊び友だちが見えるといった形で第四レベルのリアリティを体験するのです。私の幼少期の体験をご紹介します。あなたにも似たような体験があるでしょうか。

幼少期の体験が第四レベルのリアリティの世界の見方に与える影響

私が五歳の時、父はよく早朝に釣りに連れて行ってくれました。ボートを静かに漕ぐ方法も教えてくれました。オールを水に入れる時に音を立てないようにするのです。私はうまくできました。私は湖の静けさが大好きでした。時折、魚が湖面をつついて虫を食べる音がして、張りつめた水面が割れるのがはっきりと感じられました。毎朝、湖のあちらこちらに霧が立ち込めます。そよ風が吹いてさざ波が湖面に小さな縞模様を作る音も聞こえます。私たちが家路につく頃、太陽は天高く輝いていました。

これらはみな超感覚的知覚のトレーニングになりました。私はボートの上で身動きもせず、何時間も黙って座っていました。あらゆる感覚を研ぎ澄ませ、自然を感じ取っていたのです。それを瞑想だと思ったことはありません。ただ静かにしていただけです。父のおかげだと感謝しています。

母からはまた別の影響を受けました。母方は「第六感」が鋭い血筋です。祖母は常に第六感を使っていたそうですし、母もそうでした。父方の男性はみな秘密結社フリーメイソンのメンバーでした。アメリカ合衆国の建国に尽力した組織です。

私は「異世界」を「特別」に感じたことはありません。それは生活の一部として自然に溶け込んでいました。母は聖書のからし種ひと粒の信心を地でいく信仰心の篤い女性で、神への信心が揺らぐことはけっしてありませんでした。数年前に心臓のバイパス手術を受けた時は天使たちが母を囲んでいたのが見えたそうです。母は何か起きるとすぐに察知しました。電話が鳴る前には必ず予知していましたし、それが良い知らせか悪い知らせかも知っていました。ただそういう感じがするだけだと彼女は言っていました。人が死ぬことも予知しました。誰が亡くなるかまではわかりませんでしたが、母の予感はいつも当たりました。母方のおばたちの中にも定期的にヒーラーにかかっている人が何人かいました。

超感覚的知覚に対するネガティブな幼少期の体験の影響

私が「悪い」ことをすると母は罰を与えました。私は母に抱えられてお尻を叩かれ、とても痛かったです。父はさらに厳格でした。仕事から戻るとその日の私たちきょうだいがどれほど悪かったかを母に聞くのです。私たちは激怒した父に殴られました。

もう少し大きくなると、私は兄にからかわれてばかりだと気づきました。「お前は生まれたんじゃない、石の下にいたのを拾われたんだ」と何度も言われるのです。私は動揺し、怯えました。こうしたことから、私は次にどこから拳が飛んでくるかを察知するべく超感覚的知覚を使い始めたのです。二つの背景から私のＨＳＰは発達しました。一つは湖に浮かべたボートや森や野原での、穏やかな、瞑想に似た自然の世界。もう一つは両親のネガティブな言動をかわす日々。それで私は森で座って過ごす時間が増えたのではないかと思います。

超感覚的知覚をもつ人々は全員、同じ点を見直す必要があります。なぜなら、そうした人の大多数が防衛のためにその能力を伸ばしたからです。こうした人たちはあるがままを見る代わりに危険や悪いことを探す傾向があります。あるクライアントは幼い頃、よく母親にクローゼットに閉じ込められていました。そこは暗くて恐ろしく、ドアの隙間から一筋の光が入るだけ。クライアントは（思考の面でも感情の面でも）ドアの隙間の光を通り、好きなところに「浮かんで」行って毎日を過ごしたと言いました。このクライアントはいつも恐怖を感じており、次に起きることを警戒するために超感覚的知覚を使っていました。

悪いものを探すことと、純粋に見ることとの違いをバーバラ・ブレナン・スクール・オブ・ヒーリング（BBSH）ではていねいに指導します。悪いものを探せば超感覚的知覚はネガティブな方向に歪み、全体が見えなくなってしまいます。生徒が知覚の能力とプロのヒーラーとしての能力とを向上できるよう、自己の内面の分離と向き合う特別の教育メソッドを作りました。

私が異世界との境界を初めて体験した時

私が超感覚的知覚の能力の芽生えを体験していた頃に、ネガティブな影響を強く受けたことがもう一つあります。それは多くの動物たちの死を目撃したことです。家畜だけでなく、父が食糧として狩猟で獲った動物たちの死も目の当たりにしました。死にゆく動物が一つの世界から別の世界へと移る過程をじっと見守ったのです。苦しんでいる動物の生命エネルギーは中に引き込まれてから上昇していきました。それは素晴らしくもあり、学びでもありましたが、もちろん、恐ろしくもありました。なぜなら、私は自分にもいつかそれが起きると知っていたからです。私は物質界とスピリチュアルな世界の境界に興味をもつようになりました。魂の世界に旅立つ感覚が知りたくて、存在のない、死んだような状態を想像さえしました。別世界への移行ができるかどうか、夜どおし寝ないで試してみましたが、しようと思ってできるものではありませんでした。

満月の夜にはとても寒い寝室で、窓の外に自分の意識を投影して月に行きました。それが夢だったかはわかりません。私は寝室のまわりを浮かぶ「夢」をよく見ました。

一番困ったのは下の階のトイレのことでした。私は夜中にトイレに行ったはずなのに、朝、起きるとおねしょをしているのです。何度もそれがあったので、母は私を医者に診せました。医者は母に「この子がおねしょをしたらお尻を叩きなさい」と言い、母はそのとおりにしました。おそらくそれが動機になって、私は懸命におねしょを止める努力をしました。夜中にトイレに行った記憶は夢に違いありません。また、私はあることに気づきました。「夢」で階段を下りる時はスキーで斜面を滑るような感じなのです。ですから、夜にスキーで滑るようにしてトイレに行った時は必ず意識をしてベッドに戻り、自分の身体を連れて行くようにしました。少し練習が必要でしたが、ついに私は立ち止まって振り返り、自分の身体と一緒に階段を普通に下りるようになりました。これでおねしょは止まりました。

中学一年生か二年生の時にも面白い経験をしました。家の裏庭にあるブランコに座って泣き続けた時があったのです。私が愛する人はこの世にまだ生まれていなかったからです。何年か前にふと思い出し、はっとしました。当時、まだ夫は生まれていませんでした！

こうした経験の意味を考えながら成長するうちに、私の好奇心はどんどん高まりました。

成人してから第四レベルを間近に体験

この本で述べる私の体験に麻薬やアルコールによるものは一つもありません。私はお酒を飲まず、ドラッグも使いませんし、使ったこともありません。タバコも吸ったことがありません。どれも肉体や生体エネルギー意識体系（ＨＥＣＳ）に悪影響を及ぼします。フィールドが自然にもつ健康状態を損ない、周波数を低下させ、全体の調和を乱します。私自身の初期の第四レベルの体験談をご紹介しましょう。さらに第10章（下巻）でも触れていきます。

トンネルのテスト：私がバイオエナジェティクスのセラピストからヒーラーに転向しようとしていた時期に、真夜中に不思議な体験をしました。二晩続けて睡眠中に誰かが私を身体の中から引っぱり出そうとするのを感じたのです。私は抵抗しました。三日目の晩に目を覚ましてみると、部屋の隅に何かがいました。天使のようでした。「こんにちは、天使さん！」と私は言いました。そしてまた眠ると夢を見始め、深い体験が始まりました。

夢の中で私は起きてトイレに行き、便座に腰を下ろしました。ドアノブのまわりの真鍮《しんちゅう》のプレートに映った自分の顔を見ています。すると、私の髪は金髪から黒いアフロヘアに変わり、顔は肌の色が濃い男の顔になりました。

ふいに私の意識はベッドに戻り、その時からはもう夢ではありませんでしたが、二人の存在が私を体から引っぱり出そうとしていました。片側には赤色に近いオレンジ色のローブ姿の北アフリカ系の男性、もう片側には天使が立っています。いくら抵抗しても彼らの力には勝てそうにありません。自分の内側から突風が吹くのを感じ、音も聞こえます。内側の吸引力は非常に強く、私を体外に吸い出すようです。風が吹きつけるかのように鼓膜が震えました。

彼らは私を体の外に引っぱり出すと、こう言いました。「今からあなたが神の意志に従えるかを試そう。ヒーラーになれるかどうかを見るためだ。いいかい？」

「わかりました！」

「力を抜いて、ここにある厚さ六十センチほどのコンクリートの壁を通り抜けてごらん」

「はい！」と私は返事をしました。そういえば、分子の間には大きな隙間が空いています。私は抵抗をやめて身をゆだねました。私たちは壁を通り抜け、身体に戻りました。

「よし。では少し難易度を上げよう。準備はいいかい？」

「はい」と、私はエネルギーフィールドの首を振ってうなずきました。

私は暗いトンネルの奥に連れて行かれました。まったくの暗闇で、たいへんなプレッシャーを感じました。死にそうになるほどギュッと握られているかのようです。ようやく光が見えました。私たちは光のところまでは行かず、その直前で戻りました。後になって、私はこれが生と死の間のトンネルだと気づきました（死を迎える時のＨＥＦについては第15章［下巻］参照）。

その当時、私はニューヨークで、ある先生のヒーリングを受けていました。私がヒーラーになるためのトレーニングの一環です。翌週にヒーリングを受けに行くと、先生は「調子はどう？」と尋ねました。

「なんだかすごいことがありました。誰かが私を身体から引っぱり出そうとしたんです。抵抗したら、部屋の隅っこに天使がいるのが見えました」

「それは私だよ。あなたは天使さんと呼び続けていたけれど。身体からあなたを引っぱり出そうとしたのに、あなたは抵抗ばかりしていた」

「あらまあ！　先生だったんですか」

「そう。ひどく抵抗するからサイ・ババに助けてもらった」

「ああ、あのアフロヘアの人がそうだったんですか！　お二人は私がヒーラーになれるか、神の意志にゆだねられるか試しましたね?」

「そう」

「私は合格ですか?」

「ああ、かなりよくできた」

トンネルのテストに合格してから三ヶ月も経たないうちに、私のマッサージとバイオ/コアエナジェティクスにはヒーリングの新規申し込みが殺到しました。私は広告や宣伝はしていません。人々はやってきて回復し、友人にそれを伝えました。申し込みが増えすぎて対処しきれなくなり、私は秘書と会計士を雇いました。以前からバイオ/コアエナジェティクスのセラピーを受けてくださっていた人たちは他のセラピストに紹介しました。私はヒーリングの仕事で大忙しになったのです。

天使やガイドはたくさんいる

私は長年、天使やガイドをたくさん見てきました。彼らはいろいろな大きさで現れます。私が見た天使たちにはみな翼がありました。ガイドには通常、翼はありません。姿や形はガイドの文化によって千差万別で、見る人の信念体系や文化によっても変わります。ヘヨアンは私に「ガイドはいろいろな姿で現れるから、それを受け入れるように」と言いました。ガイドが私たちに働きかけるのは全体性へと導くためです。ヘヨアンによると、ガイドたちは何度も転生をくり返した存在。天使たちとは物質界との関係が違うのだそうです。

天使は第四レベルの世界と、それを超えたスピリチュアルな高次のバイブレーションの領域にいます。彼らの行動は理解の範疇《はんちゅう》を超えている時もあります。私がニューヨークシティのパスワークの「シティ・センター」でヒーリングセッションをしている時に、複数の大天使がやってきたことがありました。私には彼らが何をしているのかがわかりませんでした。当時はそれを人に話すのも気が引けて、クライアントが何か言わない限り、私は黙っていました。

ある時は屈強な大天使ミカエルがヒーリング中にずんずんとやってきて、クライアントの上で剣を振り、幾何学的な柄を何度も描きました！

「何をしているの？　危ないわ！」と私はテレパシーで訴えました。それでも天使はやめません。止めようがありませんでした。

その翌日、私はキャッツキル・マウンテンにある自宅に帰ろうとして急いでタクシーに乗りました。車中で運転手さんに「栞《しおり》はいかがですか？」と尋ねられ、見るとその栞には大天使ミカエルの絵がありました。前日のヒーリングセッションに現れた、あの天使とそっくりでした。以後、大天使ミカエルは毎週セッションに現れて、大きな剣をクライアントの上で振りました。私がとうとう根負けして観念すると、これは天使の仕事なのだとわかりました。この女性クライアントは回復したのです。実は、彼女は化学療法の副作用がまったく出ない稀有な患者の一人でした。彼女はあらゆる薬のボトルに「純粋な愛」と書いた紙を貼っていました。実は、彼女は大天使ミカエルに毎日祈っていたことが後になってわかりました。それで何度も現れたのかと納得しました。

大天使ガブリエルも、また別のクライアントのヒーリングセッションに現れました。大天使はヒーリングの間、ずっと角笛を吹いていました。

初めは感動しましたが、少しすると止めてほしくなりました。うるさくて集中できないのです。なぜ角笛を吹き続けていたかはわかりません。私はそのことをクライアントに話さずに、ただ大天使を知っているかとだけ尋ねました。彼女はすぐに、大天使ガブリエルの加護を強く感じていると答えました。

大天使ラファエルと大天使アリエルはそれほど強引ではありませんでした。大天使ラファエルは柔和な愛と多くの色彩と共に現れます。大天使アリエルは部屋の空気をさっとクリスタルのように明るくし、私もクライアントも体内が柔らかな光で満たされるように感じます。

私は大天使とはもっと壮大で華麗で力強く、圧倒的な存在だと思っていました。しかし、ヘヨアンは、スピリチュアルな存在は意のままに姿を変え、クライアントが必要とするものに合わせるのだと言いました。

パスワークのガイドによると、天使は一度も肉体として生まれたことがないそうです。そのために、肉体をもつ存在のような個性化をしません。自由意志を得るには肉体が必要だと言われています。肉体がなければ個人の自由意志はあり得ません。ですから、天使は自然に神の意志のみに従います。

一般的に光やガイドや天使の存在が大きければ大きいほど高次に発達しているとされていますが、必ずしもそうとは限りません。私は非常に小さいガイドが人々を助けるのをたくさん見たことがあります。その一方で、非常に大きな天使の姿も一度見ました。日本の奈良の大仏のような大きさです。それはブリッジハンプトン（ニューヨーク）でBBSHの授業をしていた時で、学校が急成長して運営業務が追いつかないほど多忙を極めた時期です。私は重いプレッシャーを感じており、また、生徒の一人に少し難しい問題もありました。このような時に私はBBSHを担当するスピリチュアルガイドに反抗することがあります。私は（ガイドに対して、心の中で）「状況が少しでも改善しないなら、もう辞めます」と脅しました。苦しい時こそガイドや天使の助けが必要です。少なくとも私の方向性が間違っていないことを何らかの形で示してほしいと願いました。

私は超感覚的知覚でこう訴えました。「これが人生の課題なのだから続けろというなら、その証拠を見せてください。それがなければ辞めます！」（本当に辞めるつもりはありませんでしたが、開校したての頃は、このように助けを求めることしか知りませんでした。）

するど、翌週のスクーリングの最初の瞑想の時間に、ホールを埋め尽くすほど巨大な天使が現れました。その大きさといったら、ホールの天井の高さは少なくとも八メートル弱ほどあり、バルコニーの直径もそれと同じぐらいです。天使のスカートはその場を覆うように垂れ下がり、天井のあたりの高いところに裾がありました。七、八メートルの高さにスカートの裾があるなんて！　まぶしい光は目が眩むほどでした。

「もう結構です、わかりました！」。私はガイドたちと巨大な天使に向かって超感覚的知覚で叫びました。

意識を本に投影する

それから数年後、私はニューヨークのイーストハンプトンでエドガー・ケイシーについての本を読んでいました。彼は睡眠中や瞑想中に自分の意識を本に投影して内容を読み取ったと書かれています。ある日の午後、私も横になり、ケイシーの本を枕にして自分の意識を投影してみました。突然、私は体の外に浮かび上がり、家の上空にいるのに気がつきました。本を読まずに情報を得ようとしていたのに、どういうわけだろうと当惑しました。

翌日、私は昼寝の時に、そのやり方で体外離脱をしてみようと思いました。ニューヨークシティで仕事中の夫が見えるか試してみたくなったのです。当時、私たちはまだロングアイランドの東寄りにあるイーストハンプトンの小さな借家に住んでいました。ニューヨークシティは西に一四五キロほどの距離にあります。私が体外離脱をしてそこに行こうとすると、すぐに違う方向へ向かってしまいました。何度試してもブロック島の上空を東へ飛んでしまって行けないのです。私は南枕で寝ており、体外離脱をして左に曲がれば西に向かうはず。でも、それは違うようでした。その方法では一度もニューヨークシティに行けず、私はいつも東と西とで混乱しました。これも第四レベルの世界と物質界とがずいぶん違うからです。アストラルトラベルは集中力が鍵となります。どれぐらい長い間、一つのことに意識が集中できるかです。自分の精神が向かうところが行き先になります。精神を集中させるポイントが変わった瞬間に私たちが言う地球上の「方向」が変わり、別のところに行ってしまいます。私は精神を一点に集中できていなかったのでしょう。第四レベルの世界の機能については次の章で詳しくお話しします。

第四レベルの世界の混乱

超感覚的知覚を使って境界を越え、第四レベルのボディの体験に入ると混乱します。物質界と肉体で体験することと同じように捉えがちですが、それはまったく違います。また、第6章で説明したように、超感覚的知覚は通常の五感のようには働きません。

第四レベルの世界への旅は理屈に合わず理解するのも難しいもの。この奇妙な体験へとあなたをいざなうジェットコースターに乗る心の準備をしてください！　次の章では私が自分の実体験から得た情報に基づいて作った枠組みをご紹介し、第四レベルの世界のトラベルのしかたをご案内します。

第7章の復習　超感覚的知覚と未知のものとの関係を探求する

子どもの頃にあった不思議な体験を思い出し、それに対する父方と母方の家系の態度を考えてみてください。次のような質問をするといいでしょう。

1. 「普通の」考え方では理解も説明もしづらい不思議な体験を挙げてください。あなたはどのように対処しましたか？　何に好奇心をもちましたか？　今は何に好奇心を感じますか？

2. 次の事柄について、父方と母方の家系で暗黙のうちになされている態度や考え方は？

 a. 物質を超越したリアリティまたは世界。

 b. 信仰している宗教と、個人的なスピリチュアリティとの関係。

 c. 悪の本質と目に見えない世界、超感覚的知覚との関係。

3. 不思議な体験をして、それらの態度や超感覚的知覚はどのように発達しましたか？

4. 第四レベルの世界を体験することについて、怖いと感じることは何ですか？

第8章　第四レベルのリアリティの世界と物体と存在

物質界もその他の世界も
天国と地獄のどの階層も
あらゆる世界は
必ず、互いの共同創造でなりたっている。
――ヘヨアン

この章では第四レベルのリアリティの世界と、そこに属するさまざまなタイプの物体（オブジェクト）と存在（ビーイング）について説明します。

第四レベルのリアリティのトレッキング

第四レベルのリアリティの世界に入った途端に、そこが物質界とはずいぶん違うことに気づくでしょう。それでもまだ自分が物質界にいるように感じるかもしれません。なぜなら風景は物質界と似ているからです。でも、しばらくすると、あなたは違いに気づくでしょう。第四レベルのリアリティの世界は同じ状態には長くとどまりません。第四レベルのリアリティが物質界とよく似ているのには理由があります。なぜならば、私たちは第四レベルのリアリティの共同創造者だからです。これについては後で詳しく説明しましょう。その前に、第四レベルのリアリティの世界を作るさまざまな物体と存在を紹介します。

第四レベルのリアリティの物体にはあなたが見たことのあるものや思い描いたもの、あるいは見たこともも想像したこともない不可解なもの——人間や他の生物によって作られたものもあります。彼らも第四レベルのリアリティの世界の共同創造者です。

第四レベルのリアリティの存在はありとあらゆる形やサイズや外見となって現れます。動物や鳥、爬虫類、両生類、魚などの生物や、人間のように見える時もあります。あるいは神話や寓話、天国や地獄のキャラクターとなって現れる時もあります。人類が想像したことのないものや想像し得るものを含め、どんな存在もあり得ます。古代の生物や新種の生物、また、正体がまったくわからない存在もいます。

第四レベルのリアリティには感情と思考が合わさってできる想念形体もあります（私はサイコノエティック・フォーム［**psychonoetic form**］、略して**PNF**と呼んでいます）。想念形体はあまり大きくはなく、形もはっきりしていません。もやもやしたネガティブな感情や理不尽な思考でできているためです。ネガティブで二元的なエネルギーが詰まっており、その根底にある意図もネガティブで二元的です。想念形体は人間や創造力をもつ他の生物によって作られます。私たちはみな想念形体を作り出します。

これらの第四レベルのリアリティの物体や存在や想念形体はみなHEFの第四レベルの中にとどまっています。それらはたいていHEFのブロックや傷と関係があり、現世や過去生でのわだかまりを抱えています。これらに対するヒーリングのテクニックは第14章（下巻）で説明します。

第四レベルのリアリティの物体

人々のHEFの第四レベルには剣や槍などの古代の武器が残っていることがよくあります。楯や弾丸なども見られます。その人を背後から刺したいろいろな種類の刃物——そのものとして、あるいは比喩的な意味合いで——も見えることがあります。けものに襲われた傷や毒物、拷問の道具による傷もあります。人類が互いに争う歴史の恐ろしさは目を疑うほどです。私が人々のフィールドから取り出した物体の実例は第11章（下巻）でご紹介します。

どれほど昔に起きたことも、解決するまでは何らかの形でHEFに残ります。古い時代のものほどHEFの中で圧縮されています。活性化して展開するまで見えづらいほど小さくなっているものもあります。活性化するのはその人のエネルギー体系が外から強い刺激を受けたり、病気などで自己の内面に動きがあったりして試練に直面する時です。

こうした典型的な傷の他に、現世や過去生あるいは先祖から引き継いだ呪いや魔術の影響がHEFに見られることもあります。これらはさまざまな形で出現し、それに合ったヒーリングテクニックを要します。というのも、個人または複数の人々がある意図をもち、具体的な手法や儀式を用いているからです。こうした個人が使う秘密の知識と技術には何世代にもわたって伝えられてきたものもあります。

そうした古代の技術は時間の影響を受けません。病気などで苦しむ人たちのHEFに古代の呪いや魔術の影響が見られる場合もあります。稀なことではありますが、古代の知識や技術がいまだに第四レベルのリアリティの世界で効力をもち、昔の目的のためにパワーを蓄積して人々に「ふりかかる」こともあります。

現代人にとって受け入れがたいかもしれませんが、それらを第四レベルの世界でいかに癒すかを理解しておく必要はあります。いわゆる呪いには、それをかけられた人に恐怖を引き起こして危害を加えようとするネガティブな意図があります。これについては第12章（下巻）で詳しくお話しします。

第四レベルのリアリティの世界の物体のリスト

- ●現世でまだ解決していない体験。
- ●過去生でまだ解決していない体験。
- ●現世や過去生でＨＥＦに置かれた、あるいは先祖のＨＥＦから引き継がれた呪いや魔術ならびに楯やシンボルなどの儀式用の物体。
- ●自分が作ったか、他者によって作られた想念形体。

第四レベルのリアリティの存在

第四レベルのリアリティの存在とは第四レベルのリアリティの住人です。天使やガイドもいれば肉体のない存在としての人間や動物、怪物や悪魔など、その本質は多岐にわたっています。第四レベルのリアリティの世界は幅広い周波数帯域をカバーします。その中の高い帯域には光や一貫性やシンクロニシティがあり、フレンドリーで親切な存在がいます。周波数が高くなるほど光は強くなり、より進化した存在がいます。一般的に天国と呼ばれるような信念体系領域です。一方、低い帯域にいくほど暗く、不快になります。ちゃんとしないとあそこに送られるよと教えられる、煉獄や地獄のような世界です。このような信念体系領域に行きたい人はいないでしょう。私たちは肉体を離れる時、どの信念体系領域に行くかを選択できます。ただし、選び方を知って自分のＨＥＦの光や明晰さを保てたらの話です。これについては後で述べることにして、私が遭遇した、肉体をもたない存在たちをタイプ別に挙げましょう。

第四レベルのリアリティの世界の存在のリスト

1. 大天使：大天使はHEFの第四レベルの中でも高度にスピリチュアルな領域にいます。第七レベル以上にも存在します。しかしながら、彼らはどこにでも行けます。

2. 天使：天使もかなり自由に移動できます。菩薩のような悟りに達した人も同様です。天使の多くはHEFの第五、第六、第七レベルのスピリチュアルな領域と、私がまだ著書では紹介していないHEFの第八レベル以上にも存在します。天使は肉体として生まれたことがありません。極めて自然に神の意志に従います。別のことをしようとする発想がありません。肉体を得た経験がないということは、自分で選択をする意志も得たことがないのです。私が見た天使はみな翼がありました。守護天使に翼があるように見えるのは、単に私の見方がそうだからかもしれません。翼がない天使がいれば、私は天使とは別の存在だと捉えるでしょう。それはキリスト教徒として育った私の見方です。他の宗教や文化では、別の見方があるでしょう。それでよいと思います……私たちはみな、ただの人間なのですから。

3. ガイド：ガイドは何度も転生して全体性（ホールネス）に到達し、教師のように私たちを導く存在です。私が見たガイドたちには翼がありません。いろいろな大きさや姿や形態で現れ、思考／フィーリングでコミュニケーションをとってきます。超感覚的知覚で彼らを見て、感じて、聞いて、触れることができます。誰もが複数のガイドをもっています。メインのガイドは一人だけで、他のガイドたちはさまざまな局面で何かを教えるために現れます。

4. デーヴァ：デーヴァは天使のような存在ですが、神聖な場所に住む人の必要に応えるなど、物質界での特定の側面を担います。私がセンター・フォー・ザ・リビング・フォースに住んでいた頃、「聖域のデーヴァ」はセンターの上空にずっと漂っていました。他にもさまざまな種を受け持つデーヴァがいます。

5. 自然霊：自然霊は草木や花などの自然物に宿ります。

6. 肉体を得たことがなく、何者かが認識しがたい存在：肉体として地球上に生まれた経験がなく、おそらく地球外の物質体系で生まれた者たちだと思われます。

7. 肉体を持たない人々：転生を待つ期間にいる人々です。彼らは物質界での学びを終え、次の学びに向かう間に第四レベルのリアリティの世界のさまざまなところに行きます。死後に行き先に迷い、さまよっている人もいます。仏教徒の中でも特にチベット僧は死者の魂を導く瞑想をします。ロバート・モンローの団体も同様です。詳しくは第16章（下巻）をお読みください。

8. 未統合のサブパーソナリティ（副人格）：全体的な自分の存在から分離して迷い、自分探しをしている部分です。

9. 肉体のない動物や鳥や魚など：死後に迷い、さまよっている存在もこれに含みます。

10. 深刻な分離状態にある存在：これらの存在はたいてい第四レベルの低次のリアリティにいます。グロテスクな姿で現れて怖がらせようとしますが、怖がっているのは彼らの方であり、自己防衛のためにそうしています。ひどく分離した状態であるため非常にネガティブな信念や価値観をもっています。あなたに危害を加えようとするネガティブな意図もあります。そうすることで彼らは快感を得るからです。彼らは二元的な分離を強く信じ、接触を恐れます。あなたを傷つけることは彼らにとって唯一の接触方法かもしれません。彼らは小〜中程度のサイズの悪魔の姿で現れることもあります。その「悪魔」の外見は現世か現世に最も近い過去生の文化を反映します。

想念形体

想念形体は自分自身や他の存在によって作られます。形はいろいろですが、そのほとんどは深く思慮されたものではないため、部分的にしか形がない場合もあります。それに意識を向けて思い描くほど形が強くなります。ネガティブな思考や感情にこだわり続ければ、ネガティブな形が強くはっきりと表れるのです。私たちが想念を生み出す時の明瞭さや周波数や意図に応じて形が決まります。そして、これらは第四レベルのリアリティのいろいろな周波数に散らばるようにして存在し、ネガティブな働きをします。

第四レベルのリアリティの世界とその住人

第四レベルのリアリティの世界の体験は、そこに住む存在の信念体系の性質を表す空間を体験することでもあります。その空間は――信念体系領域やバルドとも呼ばれますが――上は天国から下は地獄まで、広い範囲にわたります。東洋と西洋とでは、この空間の捉え方が大きく異なります。西洋ではそれが私たちの外側にあると考えますが、東洋ではそれが自分の外側にある行き先ではなく、自分の精神の中だけに存在すると考えます。悟《さと》りに至っておらず、意識を整える能力が欠けているためにあると考えるのです。瞑想によってクリアーにし、解消すべき意識状態だということです。

信念体系領域：信念体系領域はサブワールド（小さな世界）に分かれており、相互に関連したりしなかったりしています。集合の概念で考えるとわかりやすいかもしれません。信念体系領域の働き方を数学的に解説しようとすると、次のようになるでしょう。集合の概念では、特定の集合の性質を変数によって定義します。変数を組み合わせて空間の性質を決めるのです。変数に従って方程式を立て、その集合の中で物事がどう動くかを割り出します。最初に変数を設定し、その集合の中での相互作用を表す方程式を立てて解析。この相互作用が空間の性質を決定するというわけです。こうして空間の中での物事の働き方をつかみます。

信念体系領域はそこに住む存在の信念によって作られて維持されますから、空間次元を必要としません。また、同じ考えや意図をもつ者たちが引き寄せ合って集まった時にだけ出現します。それが空間領域になるのは、そこに住む者たちがそこを空間領域だと信じている場合です。領域的な空間は――そこにいる者たちが信じる次元の、ですが――彼らの信念が作り出すのです！　それを作る者たちが信じることの性質によって、領域的な空間ができるのです。これは第四レベルのリアリティの世界の基本的な法則の一つです。

これらの世界が存続しているのは、その世界の住人たちがそれを信じて作り上げ、維持しているからです。住人たちが住む限り、その領域はずっと維持されています。

私たちは肉体をもって三次元で存在して自己を確認しますから、三次元の空間を必要としない存在のことを想像するのは困難です。天使だって三次元にいると思っているでしょう！　でも、本当のところはどうでしょうか。発想を柔軟にするには瞑想が役立ちます。

天使は三次元でないところにいると思えるようになっても、コミュニケーションについての疑問が残ります。その大部分は三次元に属しており、矢のように直線的に進む時間に定義されています。それらを取り払った途端にコミュニケーションは困難になります。そもそも信念体系領域という言葉が誤解を招きます。領域とは私たちが三次元の世界にある空間に対して考えるものだからです。では、新しい言葉に置き換えてみましょう。

信念体系の世界

このように呼べば、その世界に対する信念の役割の大きさがはっきりします。また、信念が生む意図も大きく関与します。

私が見たところでは、信念体系の世界はＨＥＦの第四レベルのエネルギー意識の中に存在します。

「類は友を呼ぶ」法則

アストラル界の「類は友を呼ぶ」法則：第四レベルのリアリティの世界とサブワールドは似たような信念や意図をもつ存在を引き寄せます。意識しているかどうかは関係ありません。これはアストラル界で最も混乱することでしょう。この世界を作る信念と意図は無意識のものもあるからです！

その信念体系の世界がどのようなものかは
それを作った住人たちや
「類は友を呼ぶ」法則によって
そこに引き寄せられた者たちの
信念と意図で決まります。

物質界での「類は友を呼ぶ」法則：「類は友を呼ぶ」法則を物質界で、特に二元性の中で単純に捉えて誤解している人はたくさんいます。二元性はこの法則を複雑にします。ネガティブな信念体系での二元性がどのように実現するかが問題です。

まず、物質界で同じ信念どうしが「類は友を呼ぶ」法則で集まります。二人が暴力に賛成ならば引き寄せ合うでしょう。ただし、暴力を使おうとする彼らの信念自体が二元的ですから、正反対の信念も必然的に発生します。二元性とは全体を二つに割ることですから、また全体に戻ろうとして正反対のものどうしが互いに引き合います。暴力に賛成の人々は被害者と加害者として役割分担をするようになります。役割を交換する時もあるでしょう。心の中にある恐怖や相手に対する要求によって信念体系が出来上がり、具体的な役割が決まります。これは当事者たちに悪循環をもたらします。典型的な例は次のようなものです。引き下がり、不満をため込み、相手に要求をしますが、満足な反応が得られません。その結果、さらに引き下がり、さらに不満をため込みます。さらに要求は強くなり、さらに深く引きこもり、ついに虐待となり、さらに分離や亀裂は激しくなり、内にこもるようになります。このサイクルが途中から始まることもあります。結局、相手に何かを要求すること自体が二元的ですから、けっして自分が満たされることはありません。

満足は
相手に何かを要求している本人の
内面からしか生まれません！
ですから、もし、あなたが
人に何かを要求していることに気づいたら

自分で、自分のために
必要なことをしてください！

ヒーリングで第四レベルのリアリティ（アストラル界）を扱う時に自分を知ること、特に自分の心理の動きを理解することが大切なのはこのためです。

「類は友を呼ぶ」法則と物質界でのアストラルの影響：フィールドの第四レベルはアストラル界に存在して生きているため、私たちはアストラル界の影響をダイレクトに受けています。その影響は滝のように第四レベルから肉体レベルへと注ぎ、人生全般に強いインパクトを与えます。どんな信念体系も支持され、アストラル界の「類は友を呼ぶ」法則によって強化されます。そして、アストラル界からネガティブな影響とポジティブな影響の両方が引き寄せられます。

二元的で不健康な信念をもっていれば、アストラル界で同じような信念をもつ存在に支持されて、その不健康な信念が強化されます。理不尽なエモーショナル・リアクション（ER）をすればアストラル界でも似た信念をもつ存在が引き寄せられ、ERの二元性が立証されます。自分や他人をますますネガティブに批判するようになり、当事者全員の状況が悪化します。

第7章で述べたように、第四レベルの超感覚的知覚を開けば第四レベルのリアリティの世界を知覚しますから、対処せざるを得ません。あなたが自分の意図や信念体系を意識できていなくても、また、あなたがそこで出会う存在の信念体系がわからなくても、です。自分にネガティブな信念体系や意図があっても自覚できていなければ、何かがあるとすぐに他人のせいにしてしまうでしょう。確かに他人に非があるかもしれませんが、あなたが無意識に信じていることが「類は友を呼ぶ」法則に従い、物質界とアストラル界の両方で問題を引き寄せているのです。第4章に挙げた手順を使い、悪循環を断ちましょう。

物質界とアストラル界は死後もつながっています。自分は悪いから地獄に落ちると信じていて、悪魔や業火のイメージを想像していれば、その信念や意図どおりになるでしょう。少なくとも、もっとよい考え／信念／意図がもてるようになるまで、そこにとどまることになります。死後の世界についてそれとは違った信念があれば、アストラル界でそのようなレベルの体験をするでしょう。そうしたレベルはそれを信じる存在——人間やその他の生物——によって作られます。何を信じるかには気をつけましょう！

意識していようといまいと、最も強い信念／意図が優勢になります。

これらは自分の信念ですから
もしも自覚があって、
よい結果を生んでいないと感じるならば、
自分の信念を変える選択ができます。

自分の信念を自覚しておらず
世界とはこういうものだと思い込んでいるならば、
今とは違う結果を引き出す可能性は
低いままです。

ですから、自分の意図をはっきりと自覚し

無意識に信じ込んでいることを
掘り下げて理解し、
それが人生にどんな影響を及ぼすかを理解するために
自己を知るプロセスワークをおこない
それらがどう表れているかを知ってください。
そして、自己変容のワークをおこない
自分が好きではないものを
自分にとってうまくいくものと取り換えることが
とても大切です！

「類は友を呼ぶ」法則と物質界とアストラルレベルが世界に与える影響：私たちが理不尽なERやイラショナル・リアクション（IR）をするたびに、ネガティブで二元的な生命形体が第四レベルのリアリティに生まれて相手に届きます。その侵入を許すような穴が相手のフィールドにあれば、そこに入って滞留します。ER／IRの想念形体はそれを向けた相手とネガティブなつながりを作り、維持します。誰かに対してあなたがずっと怒っていれば、その人とあなたは怒りによってネガティブにつながり続けます。怒りを放棄すればネガティブなつながりは解消します。

人に対してネガティブな想念を送った後も、それは自分のHEFの第四レベルに残ります。前に挙げた存在たちと同様に、想念形体も第四レベルの世界で自生します。たいていは低い周波数帯域で、似たようなエネルギー意識の想念どうしが集まります。

黙って内に抱えているネガティブな思考や感情も同じです。ER／IRのたびに二元的な生命形体にエネルギーがチャージされ、大きく強くなります。そのネガティブなエネルギー意識に従い、それ自体が勝手に生命を創造するのです。そして似た意図をもつものどうしで集まり、集団で創造するようになります。さらにER／IRを起こすたびに多くが集まり、ネガティブな創造に加わります。

それらも他の創造のプロセスと何ら変わりませんが、ネガティブで二元的な視点しかないために、ただそれに従います。宇宙の仕組みとはそのようなものです。誰もが自分のしがちな種類のネガティブな思考／感情の形体を引き寄せます。宇宙の創造の法則に従い、ネガティブなものは増大化します。全体性のある創造と同じです。二元的な生命形体も全体性に到達した存在も、自らの信念に従って創造するのみです。

地表のノイズ殻

この創造のプロセスが人類にどう影響するかを考えてみてください。第四レベルのリアリティの中でも低次のものは二元的であり、そうしたエネルギー意識でできた生命形体が地球のまわりを作ります。「地表のノイズ帯域」と呼ばれるものは二元的なエネルギー意識の生命形体のノイズ周波数帯域でできた殻でもあるでしょう。宇宙空間から地球に近づいていくと、苦悩や痛みや嘆願、憤り、嘆きや不安や恐怖のノイズは相当なものです。今、現世を生きている私たちの多くはその訴えに引き寄せられてここにいます。苦しみと悲しみが満ちた場を救い、癒したいという強い望みによって引き寄せられたのです。苦しみと悲しみを癒す手段として、私たちはそれらを自らの存在と肉体に抱えて生まれてきたのです。また、もちろん個人として癒すべきものにも引き寄せられています。地表のノイズ殻は人間のネガティブで二元的な集合的無意識とも言えるでしょう。

プロパガンダによるノイズ帯域の悪用

ノイズ帯域の殻にはもう一つ、非常に気がかりな側面があります。人類がプロパガンダのためにネガティブな使い方をしていることです。広告業界は消費者のER／IRを煽って購買や消費に駆り立てる方法を熟知しています。政治的なプロパガンダも同様です。

皆さんは気づいていますか？
政治的な集団が
世論に問題視されそうなことを断行したい時、
自分たちを正当化しようとして
まず最初に、
反対しそうな人口全体の
第四レベルのリアリティの不安や恐怖を煽ります。

はっきり言って、これは危険です。
戦争もこのように正当化されて始まります。
第四レベルのリアリティのエネルギー意識が
臨界点に達すると、
物質界でそれを実現させるに足る

力が生まれます。

国内の、また、国際的な政治の議論や紛争では、どちらの側にもエモーショナルで理不尽な言い分があります。世界中のあらゆる情報網はそうした巧言であふれています。大規模な人数が引き寄せられて創造のプロセスが動けば、物質界でネガティブなこともポジティブなことも実現が可能になります。発言や誇張や糾弾が一つなされるたびに第四レベルのリアリティに二元的なエネルギーが加わります。問題は、そのエネルギーが臨界点に達すると、物質界へと流れ込んで実現してしまうことです。そうなれば、ネガティブで二元的な発言を巧みに操る人々の思う壺です。どちらも自分たちの主張が具現化するまでエネルギー意識を増大させます。他方を責めて不安や怒りを増幅すればするほど、形となって実現する可能性が高まります。誰かがくり返すたびに強さを増して確定的になり、二元的なネルギーが第四レベルで高まります。ネガティブな言葉は何度もくり返されます。特に、米国の夕方のニュース番組などは視聴率を上げるためにそうしています！ 彼らは自分たちがしていることの意味を理解してはいないでしょう。ネガティブなことを一人がくり返すたびに分離が深まります。それは身体的な暴力になり、テロリズムになり、戦争になるか――あるいは平和になるでしょうか？ 徐々に集合としての「私たち」がなりたいものになっていくでしょう。

世界に対する個人の責任

二元的なエネルギー意識がどちら側に振れても私たちは第四レベルで地上のノイズ帯域と自動的につながり、維持に加担します。個人としてのあなたはどうでしょうか。世界の平和を脅かすノイズ帯域を支持するような、どんな二元性を信じているでしょうか。人類全体の無意識にある二元性から離れるために、あなたにはどのような癒しが必要ですか？　この本に書かれているプロセスをたどり、答えを見つけてください。

人間が作る第四レベルのリアリティの世界と存在

意識を拡張させてヘヨアンをチャネリングしてきた年月の中で、私の口から出た言葉や考え方には数多くの「ユリーカ（わかった）！」がありました。ある時、第四レベルのリアリティに対して人間が抱く恐怖についてヘヨアンが問いかけ、第四レベルのリアリティの旅——友か敵か、わが子らかと題した講義をしてくれました。人間は共同創造者なのだから、自分が創ったものを怖がる必要はないと説いたのです。そこにいる存在たちの多くも人間が自分で創り出したわが子なのだとヘヨアンは言いました。私は驚き、少なからず困惑しました。ずっと前にヘヨアンはそのようなことを言っていた、と『光の手』にも書かせていただきましたが、私たち一人ひとりが創造に参加したのであり、これからも創造を続けます。第四レベルのリアリティの世界を維持するのもまた私たち自身です。

第四レベルのリアリティの世界の未来

第四レベルのリアリティの世界の未来は私たちが自らを律し、現実についての誤った先入観や信念体系をいかに拭い去れるかにかかっています。エモーショナルで理不尽な反応にも注意が必要です。ネガティブな創造に向けて大きな役割を担っており、第四レベルのリアリティの世界のネガティブな面を強化するからです。多くの人が心理やスピリチュアルな面でこれらに気づいていけば、ネガティブなエネルギー意識が物質界に注ぎ込まれる量は減少していくでしょう。

第8章の復習　第四レベルのリアリティを理解する

第四レベルの物体や存在や想念形体を体験したことはありますか？　どう対処しましたか？　楽しい気持ちを感じましたか？　あるいは不安や恐怖を感じましたか？

1. その体験から何を学びましたか？
2. あなたが知覚したのは第四レベルの世界のどのあたりですか？　高次の領域か、中間か、それとも低次の領域でしょうか？
3. どのような意識の状態でそのレベルにつながりましたか？
4. あなたがその領域を知覚した理由は？
5. もう一度同じことが起きた場合の対処法を考えましたか？
6. あなた自身のネガティィブな信念体系は、その第四レベルのリアリティの世界をどのように支えていますか？

www.barbarabrennan.com

コアライトヒーリング　究極の光の手（上）

2021年3月20日　初版印刷
2021年3月30日　初版発行

著者　バーバラ・アン・ブレナン
訳者　シカ・マッケンジー
装丁　永松大剛
発行者　小野寺優
発行所　株式会社河出書房新社
電話　03-3404-1201（営業）03-3404-8611（編集）
〒151-0051 東京都渋谷区千駄ヶ谷2-32-2
http://www.kawade.co.jp/
印刷　中央精版印刷株式会社
製本　大口製本印刷株式会社

Printed in Japan
ISBN978-4-309-30002-3